道教の房中術

古代中国人の性愛秘法

土屋英明

文春新書
320

道教はセックスを否定しません。いや、否定も肯定もないのです。陰陽二気の交わりが万物生成の大元なのですから。陰と陽との交わりは気の流れのバランスをとり、そのとどこおりも防いでスムーズにするのに大変重要です。これがうまくいけば、不老長生に結びつきます。ですから、道教には閨房術の経典がたくさんあるのです。

道や元気や気の流れといって、道教の原理は、理によってわかろうとしても不可能なことです。道教は理解するものではなく、気で感じ取るものなのです。

福永光司（『混沌からの出発』より）

はじめに

性の分野に現代科学のメスが入れられるようになってから、まだ一世紀ほどしかたっていない。中国の房中長生術を新しい観点から見直そうとする試みが始まったのも同じ時期、二十世紀の初頭だった。房中長生術は長い間、単に性欲を刺激し、快楽を追求する邪道の性技巧だと曲解されていた。

道教の房中長生術には、陰陽五行思想に裏づけられた中国伝統医学（中医学）とも関連した基礎理論がある。奥妙神秘なこの理論、そして修煉によって生じるその効果を科学的に捉えようとする試みがいま始まっている。

ほぼ解読されたとして最近話題になったヒトゲノム（全遺伝情報）は、房中長生術の基礎になっている精・気・神理論の中の「三宝」と似ている。

人体には生命活動を維持するエネルギー、精・気・神があると考えられている。この三大要素はさらに、父母から受け継いだ先天の精・気・神と、生まれてきて、飲んだり食べたりする水穀や吸う空気から摂る後天の精・気・神に二分され、密接な関係で相互依存している。先天の精・気・神は体内の三つの宝、「三宝」であり、「元精」、「元気」、「元神」と名付けられている。例えば「元精」は父母から子へと代々伝わる発育機能を秘めた生命の源なのだ。

ヒトゲノムは総計約三十億の塩基対（遺伝暗号文字）が並んだＤＮＡ（遺伝因子・デオキシリボ核酸）から構成されている。ちなみに、人体は六十兆個の細胞から出来ている。

個人差のあるヒトゲノムの特徴が分かれば、発病の予測、治療薬の開発、さらには老化現象の解明にもつながるといわれている。

また分子生物学の分野でも、生物はなぜ老化するのかという研究が進み、老化現象は遺伝子と関係のあることが分かってきている。人の命の長短の鍵はＤＮＡにあるという。

父母から受け継いだ、命の根源だといわれている「元精」も含む三宝がヒトゲノムと似通った先天的な生命の基本要素であるなら、精・気・神理論も科学的に解明されようとしていることになる。

西蔵《チベット》密教の脈輪《チャクラ》（脊髄の中を通っている気脈にあるといわれている生命エネルギーの集積所）も、西洋と中国の宇宙生物学（コスモバイオロジー）の学者によって研究され、新しい脈輪学説が生まれている。

人体に四ないし八カ所あるといわれている脈輪は、エネルギー（微電流）の磁場で宇宙のエネルギーと交流している。脈輪から出たエネルギーは経絡《けいらく》のなかを流れて全身に行き渡る。エネルギーを増幅したり調節したりする節目は、鍼灸の穴位《つぼ》とも一致しているというのだ。

体の周りにもエネルギーの磁界があり、心理状態、精神活動によって変化する。光芒を放つこともある。また精・気・神の動きとも関係があり、たとえば、性交中もエネルギーの磁場が正常なら心神は動揺しないから、精気は洩れないという。

このように道教の房中長生術の精・気・神、また西蔵密教の脈輪などにも科学者が注目しはじめている。

たとえば、「元神」は仏教でいう阿頼耶識《あらやしき》、精神分析学でいう潜在意識とよく似た概念だといわれている。これは目には見えない空気や電波のような、五感では感知できない領域なのだ。このような空《くう》に根差した道教房中長生術の性の実践体系に科学のメスを入れるのは、容易なことではないだろう。

中国の古代思想が融合している房中長生術には専門用語があり、最初はとまどう。しかし基本的な理論が分かれば、それほど難解な術ではない。

「元気を出す」、「精気に満ちた体」、「精神がたるんでいる」、「気持いい」、「山陰、山陽地方」、そしてまた七曜を割り当てた一週間の名称「日・月・火・水・木・金・土」、それから夏の「土用」などの言葉は、私たちの日常用語になり、なんの違和感もなく使われている。実を言うと、無意識に使っているこれらの言葉の中に、房中術の謎が隠されているのだ。基本概念を説明するうえで、欠かすことのできないキーワードでもある。

道教の房中養生長生術、そして西蔵密教の性交秘技とはいったいどんなものなのだろう。その歴史、理論、技巧などを、できるだけ分かりやすくまとめてみた。

目次

第三章　性技巧とその方法……90

第一章　房中長生術の歴史

不老不死の国

いつまでも若く元気でありたいという願いは、昔も今も変わらない。

長生術は戦国時代中期（前三〇〇年頃）、方術（方技）に附随して起こったといわれている。方術というのは、仙人の術を使う方士が行なった医療、祈禱、易卜《えきぼく》、占星《せんせい》などのことだ。不老不死になる神仙の長生術もその一つだった。秦初期の典籍に、不老の国、不死の民、不死の薬の記録が残っている。

また、漢、司馬遷（前一四五―前八六）の『史記』始皇本紀に徐福《じよふく》（徐芾）の記録が載っている。

二十八年（前二一九）、斉《セイ》人、徐芾《ジヨフツ》ナドガ意見書ヲ差シ出シタ。

「海中ニ蓬萊《ホウライ》、方丈《ホウジヨウ》、瀛洲《エイシユウ》トイウ三神山ガアリ、仙人ガ住ンデオリマス。斎戒《サイカイ》シタウエ、童男童女ヲ連レテ、仙人ヲ探シニ行カセテクダサイ」

始皇帝ハ徐芾ニ童男童女数千人ヲ遣ワシ、仙人ヲ探シニ行カセタ。

しかし、徐福（芾）は帰ってこなかった。

秦の始皇帝が、方士、徐福の言葉にまどわされ、不老不死の丹薬を求めた話は有名だ。面白いことに、和歌山県新宮市に、徐福が童男童女を五百人連れて船でやってきた、という伝説が残っている。墓も神社もあり、いまも祀られているのだ。また徐福の渡来伝説は、九州、広島、愛知、青森など日本各地にあり、稲作、織物、漁業、冶金、そして仙薬の神として祀られている。

秦の時代、不老不死の長生術を説く方士がすでにいて、始皇帝も夢中になっていたことがうかがえる。しかし、仙人探しは再三失敗に終わり、長生術もだんだん下火になってゆく。

性医学の最古の文献

時代は漢に移る。

仙人が煉《ね》った丹薬を飲んで不老長寿を求めるのは、長生術の中の一つの方法、「薬餌《やくじ》」にすぎない。幻の島の仙人などあてにせず、「行気《こうき》」、「導引《どういん》」などの気功法や柔軟体操、そしてまた「房中（性交）」の方法に基づいて修煉を積み、自分の力で仙境に入ろうとする長生術に変わってゆく。

そして、それは中国古来の自然哲学、陰陽五行説（第二章「五行とは何か」「天地陰陽交合の道」の項を参照）と結びつき、房中長生術の基礎理論が確立されるようになる。

後漢、班固《はんこ》（三二―九二）は、『漢書』芸文志（古今書籍目録）のなかに方技の項を加え、医術、薬学、房中術、そして神仙の四つに分類している。

なお房中術の書籍は、房中八家の書『容成《ようせい》陰道』、『務成子陰道』、『天老雑子陰道』などが全部で百八十六巻あると記されている。

陰道とは、男女交合の道、即ち房中術である。

この後に、班固は房中八家の書の要点を書き加えている。


房中ノ書ハ、情性ガ極ニ到《タッ》シタラ、至道《シドウ》ノ術デ交ワル法ヲ説イテイル。昔ノ聖王ハ、コノ術デ外ノ楽シミヲ制シ、内ノ情ヲ禁《オサ》エタ。房中ノ書ヲ手本ニシテイタノダ。『左伝《サデン》』昭公元年《ショウコウ》ニ、コウ記サレテイル。〈先王、楽シミヲ作《ナ》スハ、百事ヲ節スル所以也《ユエン》〉。楽シンデモ、ムチャヲシナケレバ、心ハ乱レズ長生キデキル。迷《オボ》レテ顧ミナクナレバ、疾《ヤマイ》ガ生ジ命ガ隕《ソコ》ナワレテシマウ。


至道の術について説明されてはいないが、陰陽五行説に基づいた房中長生術だと推測される。残念ながら房中八家の書はすべて散佚《さんいつ》してしまい現存しない。しかし、有名な房中家が八人もいて、数多くの房中書があったことから判断すると、房中長生術が盛んだったに相違ない。

そして、一九七三年、このことを裏づける重要な文献が、湖南《こなん》省長沙《ちょうさ》市の郊外、馬王堆《まおうたい》三号漢墓から発掘された。

前年には、一号漢墓からほぼ完全な形のままでミイラ化した女性の遺体が発見され、世界の考古学者の注目を集めた。マスコミも大きく取り上げて、報道した。

この女性は、約二千百年あまり昔、前漢初期に長沙地方、軑《たい》の領主だった利蒼《りそう》の夫人であることが判明。『史記』と『漢書』に残っている記録とも一致することが分かった。

棺の周囲、四カ所から、豪華な副葬品が出土した。漆器、陶器、化粧具、織物、木俑《もくよう》（人形）、楽器、冥銭《めいせん》・明器《めいき》（死者があの世で使う金銭と日用品）など、千四百点あまりにも達したのである。

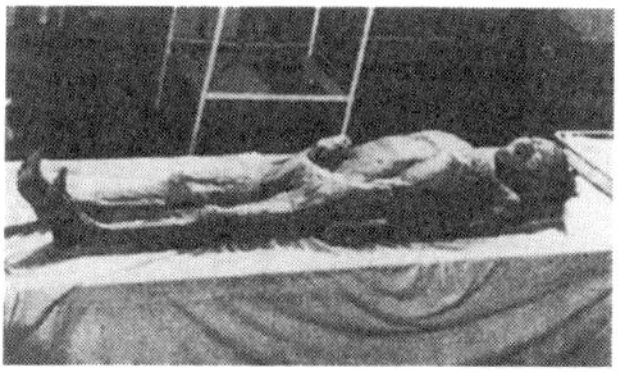
利蒼夫人のミイラ（中公文庫　村山孚著『中国　考古と歴史の旅』より）

三号漢墓の発掘は、一九七三年末から翌年の初頭にかけて行なわれた。副葬品として、学術的に驚くべき貴重な文献、帛《はく》書、竹・木簡《もっかん》書（竹・木の札に文字を書いた物）が出土した。しかも、その大半は、現存していない書物だったのだ。

絹に文字を書いた帛書は、二十数種あり、『老子』、『易経《えききょう》』、『戦国策』、『五星占《ごせいせん》』など、古代哲学、歴史の書、さらには占星術や医薬についての文献も見つかった。

このなかには、古代医学に関する書物が十四種類あり、房中術、性医学を主題にしたものが六点含まれていた。『十問』、『合陰陽』、『天下至道談』（以上は竹簡）、『胎産書』、『養生方』、『雑療法』（以上は帛書）である。

出土した当時これらの書は、生きているような夫人のミイラの評判の

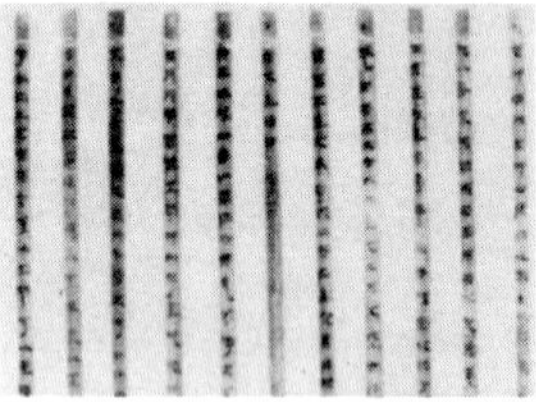
『合陰陽』の竹簡

陰に隠れ、ほとんど話題にならなかった。しかし研究が進むにつれて、世界に現存する房中術と性医学の最古の文献であり、古代性学史の空白を埋める貴重な資料であることが判明した。

馬王堆文献の成立年代は、埋葬当時の前漢初期より古く、戦国時代だろうと推定されている。出土した文物に、戦国の七雄、楚の文化の特色が見られるからだ。しかし、さらにさかのぼり、春秋前期（前七〇〇年頃）、あるいはそれ以前かもしれないともいわれている。

太平道と天師道

道教は漢民族独自の宗教である。原始的な民間信仰と老荘思想が結びつき、仏教の形体をまねて組織化された自然宗教。不老不死を目指す神仙思想が中心になり、呪術的色彩が強い。そしてまた、仏教と儒教は「理の哲学」、道教は「気の哲学」だともいわれている。神仙長生術が道教に取り入れられたのは、まだ道教が初期の頃、後漢から三国にかけての時代だと推測されている。

初期道教の経典『太平経《たいへいきょう》』は神書といわれている。作者は不明だが、多くの人の手によって書き継がれ、後漢中晩期（一五〇—二〇〇頃）に完成した書だと推定される。北方系の道教、太平道を生み出す母胎となった経典だ。

『太平経』が説いているのは、陰陽五行説を基にし、それに神仙思想と神秘的な巫術《ふじゅつ》を加えた道教の教義である。

唱えられているのは、天に与えられた命を大切にし、長生きして人生を楽しもうという「重人貴生」だ。万物は生命力の根元、太極から生じた気で一つにつながり、相互依存の関係にある。太平天国をこの世に創造するためには、宇宙（太極）と一体なのだという意識、つまり万物への愛をはぐくまなければならない。

初期の道教は、大別すると二つになる。

一つは、いま述べた太平道であり、もう一つは、南方系（四川、西蜀）の天師道である。入信する者には、米五斗を与えたので、五斗米《ごとべい》道ともいわれる。

天師道秘伝の房中煉養《れんよう》経典『黄書《こうしょ》』は、教祖、張陵《ちょうりょう》の著作だと伝えられているが、散佚してしまい現存しない。

しかし、『真誥《しんこう》』（陶弘景《とうこうけい》、六朝《りくちょう》・梁《りょう》）、『広弘明集』（釈道宣《しゃくどうせん》、唐）などのなかに、『黄書』の紹介があり、内容の輪郭がつかめる。同時に、天師道の実体も浮かび上がってくる。

天師道は、古代の神仙房中術師、容成《ようせい》、彭祖《ほうそ》、玄女《げんじょ》、素女《そじょ》たちの教えを踏襲して、精気を大切にする「嗇精愛気《りんせいあいき》」の原則にしたがい、接して洩らさず、つまり精気を出さずに脳へ引き上げ、不老長生の薬にするという「還精補脳《かんせいほのう》」の修煉を説いている。

また、これと関連した「黄赤之道」と「三五七九交接之道」は、馬王堆房中文献や『素女経』、

仙人たち　右から容成公、彭祖、玄女

『玄女経』にも見られない天師道独自の秘術である。

「黄赤之道」と「三五七九交接之道」については、第三章第五節「閉精守一」でくわしく紹介する。

天師道は、老子の道《タオ》を教えにし、生を重視して長寿を求めた。しかし、中国古来の民間信仰と神仙思想に基づいた房中長生術である『素女経』の教えなどとの融合もみられる。

北方の初期道教、太平道と比較すると、南方の天師道は男女が房中術で不老長生の薬、丹を煉る「内丹双修法《ないたんそうしゅう》」を重視する傾向にある。そのため、儒家、仏家からは、邪淫の術だと非難されてきた。

陰陽を交える生活

漢末、三国初期、神仙術はこうして道教と結びつくようになった。

そして、東海の島にまで行って仙人を探さなくても、行気、導引、房中などの修煉を積めば、自分の努力で仙境に入ることができるという長生理論が確立した。神仙思想は道教の中核を占めるようになり、なかでも房中術は、長生仙術の修得を目指す道士の秘伝にされた。

こうして神仙道教は徐徐に広がり、六朝、隋、唐にかけて隆盛を極めるようになる。『抱朴子《ほうぼくし》』内篇二十巻、外篇五十巻は、初期道教の最も重要な理論家である東晋、葛洪《かつこう》（二八三—三六三）の著作だ。「内篇」では、道家理論、煉丹《れんたん》法と陰陽術、つまり房中長生が説かれている。

内篇「至理《しり》（基礎理論）」によると、
丹薬ヲ飲ムノハ不老長生ノ本《モト》ダガ、モシ呼吸法ヲ合ワセテ行ナウコトガ出来タラ、丹薬ノ効キ目ハズット早クナル。丹薬ヲ手ニ入レルコトガ出来ナカッタラ、呼吸法ダケヲ行ナイ、ソノ法ヲ尽シタラ百歳ヲ数エルマデ生キラレル。シカシマタ、房中術モ知ッテオク方ガヨイ。陰陽ノ術ヲ知ラズ、タビタビ無理ヲシテイタラ、呼吸法ヲ行ナッテモ、ナカナカ力ハ得ラレナイカラダ。

不老長寿に欠かせない三つの条件は、薬餌《やくじ》、行気《こうき》、房中術だといっている。薬餌は服食《ふくしょく》ともいい、仙薬を飲んで不老長寿を求めることだ。そして、内篇「釈滞《しゃくたい》」で、陰陽を交える性生活の重要性を強調している。

人ハマタ陰陽ノ交ワリヲ絶ッテハイケナイ。陰陽ガ交ワラナクナルト、気ガフリガレ滞《トドコオ》ル病ニナル。一人デ悶々《モンモン》トシタムナシイ夜ヲ過ゴシテイルト、イロイロナ病気ニカカリ、長生キ出来ナクナルノハコノタメダ。

役人だった葛洪は士族道教の立場から、民間道教、天師道をあやしげな巫術、妖術と大差がないと批判している。

天師道では、房中術を究めたら、それだけで神仙になれる。災難から逃れ、罪を帳消しにし、禍を転じて福となすことができる。役人になれば、とんとん拍子で出世できるし、商売をしたら倍も儲かる、などと説いていたのだ。

しかし葛洪は房中術の効果は治病長生だけだと見なし、陰陽を交える性の交わりの重要性を強調している。そして四つの方法、還精補脳、採女気（女の気を採る）、採精咽唾（女の精気を採り、女の唾を飲む）、吐納《とのう》導気（汚れた気を吐き、新鮮な気を吸って体内に周らす柔軟体操）を教えている。

また内篇「遐覧《からん》（視野を広める）」には、当時、道家が手本にしていた『玄女経』、『素女《そじょ》経』、『彭祖《ほうそ》経』、『子都経』、『容成《ようせい》経』など十種類の房中術の書が記録されている。

これらの経典も散佚してしまっていた。しかし、漢、馬王堆房中《まおうたいぼうちゅう》文献、それから日本、丹波康頼《たんばのやすより》が、平安中期に編纂した『医心方《いしんぽう》』のなかに、その一部が残っていた。現在では、『玄女経』、『素女経』、『彭祖経』、『容成経』はおおよその概要がつかめるようになった。

唐の魏徴《ぎちょう》、長孫無忌《ちょうそんむき》たちが編纂した『隋書』経籍《けいせき》志にも、『彭祖養生経』、『玉房秘訣』、『素女秘道経』附『玄女経』など十六種類の房中術と養生術の経典が記録されている。

これらの経典には、隋だけでなく、それ以前の時代の物も含まれている。しかし、同じように散佚してしまっているから、内容は確かめようがない。

ただ『彭祖養生経』だけは、その一部が『養性延命録《ようじょうえんめいろく》』のなかに引用されていた。これは六朝の神仙道教徒で仙薬学家だった陶弘景《とうこうけい》（四五六―五三六）が、従来の養生書の要点をまとめた経典である。神農・黄帝の時代から魏・晋に至るまでの養生書の集大成だ。

陶弘景は、十歳のとき、葛洪の『神仙伝』を読み、神仙、煉丹家になる志を抱いたといわれている。そして二十歳のころには、すでに陰陽五行、暦法、天文地理、医術、本草（漢薬）などに精通していた。

陶弘景は、役人を辞職して神仙道教の修行を続けた。三十六歳で江蘇省、茅山《ぼうざん》にこもって、第九代宗師になり、道教上清《じょうせい》派を大成させた。その後、各地の名山を巡り、仙薬を探し、八十歳で尸解《しかい》して仙人になったと伝えられている。尸解とは、肉体を残して魂魄《こんぱく》だけ抜け出す神仙術である。

陶弘景は『養性延命録』御女損益《ごじょそんえき》篇で、初期の房中経典のなかから、彭祖など古代房中家の言葉を引用している。御女は、女を御《ぎょ》す、つまり女と交わるということだ。

采女《サイジョ》ガ彭祖ニ尋ネタ。

「六十ニナッタラ、閉精守一《ヘイセイシュイツ》ヲシナサイトイワレテイマス。ソレデイイノデショウカ」

彭祖ガ答エタ。

「ソウデハナイ。男ハ女ヲ断トウトスルト、反対ニ思イガ女ニ向クヨウニナル。ソウナレバ、神《シン》ガ疲レテ寿命ガ短クナッテシマウ。気持ヲシッカリサセ、女ヲ思ワズニオラレルナラ、ソレニコシタコトハナイ。シカシ、ソンナ男ハメッタニイナイ。精ハ抑《オサ》エテ出サナイヨウニシテモ、ナカナカ難シク出ヤスイ。精ハ漏レテ尿ハ濁リ、鬼（霊）ト交ワル病ニナッテシマウ」

四十ヲ過ギタラ

『備急千金要方《びきゅうせんきんようほう》』は、唐、孫思邈《そんしばく》（？―六八二）が編纂した古代医薬文献の集大成だ。題名は、いざというときの千金《たいせつ》な薬の処方という意味だが、略して『千金要方』ともいわれている。

孫思邈も道家の医学家である。老荘百家の学問、また陰陽、推歩《すいほ》（天体の動きに基づいて暦を作る）にも通じていた。しかし、朝廷の職には就かず、西安の南にある終南山に住んで修行して、人々の病を治療し、著作にいそしんで生涯を終えた。

孫思邈は百四十一歳まで生きたが、『千金要方』は百九歳のときに書かれたといわれている。薬の処方のほかに、居処《きょが》（規則正しい生活）、按摩、調気《ちょうき》（汚れた気を吐き出し、新鮮な気を吸い、気功で体内にめぐらす。体力がつき、病気にかからない）、薬餌、房中などの「養生」も説かれている。性の交わりによって精気を補う「房中補益《ほえき》」の章は、『黄帝内経』、『素女経』など、唐以前の文献に基づいた房中養生論だ。

そのなかで特に注目に値するのは、房中術は四十歳以上の人にとって長生に欠かせない大切な法だとする独自の見解である。

四十マデダト少々無理ヲシテモ大丈夫ダ。四十ヲ過ギルト、急ニ気力ノ衰エヲ感ジルヨウニナル。衰退ガ始マルト、イロイロナ病邪《ビョウジャ》ガ取リ憑《ツ》クヨウニナリ、イツマデモ治ラズ手遅レニナッテシマウ。

彭祖ハコウ言ッテイル。

「人デ人ヲ治セバ、真《シン》（先天の精・気・神）ガ回復スル。四十ニナッタラ房中術ガ必要ダトイウノハコノタメダ。房中術ノ道ハ足下ニアルノニ、人ハソノ法ヲ使エナイ。一夜十人ノ女ヲ御《ギョ》シ、閉固《ヘイコ》（精を洩らさない）スルダケノコトナノダ。コレニ滋養強壮ノモトニナル薬餌《ヤクジ》ヲ併用シ、常ニ補ウヨウニスレバ、気力ハ百倍ニナリ、新シイ知恵ガ湧イテクル。コノ薬餌ノ処方ハコウダ。淫蕩ニフケッテ快楽ヲ追イ求メルヨウナコトハセズ、節制シテ養生ニ努メル。体力ノ強化ヲオロソカニセズ、交ワルトキハ女ヲ心ユクマデ楽シマセ、補益（精気を補うこと）ヲ念頭ニオイテ病邪ヲ追イ出ス。コレガ房中ノ極意デアル」

孫思邈

孫思邈は、またこう説いている。

摂生《セッセイ》スルノガ上手ナ人ハ、シタクナッテモ慎重ニ抑エル。気ノ向クママニ満足サセテ、体ヲ損《ソコナ》ウヨウナコトハシナイ。一度抑エルコトガ出来タラ、一度火ヲ消シタコトニナリ、ソレダケ油ハ増ス。抑制セズ施瀉《シシャ》（射精）シタラ、消エヨウトシテイル蠟燭ノ油ヲ取リ除クヨウナモノデ、体ヲ守ルコトハ出来ナイ。

性愛は男女の心を結ぶ絆

敦煌《とんこう》、莫高窟《ばっこうくつ》の十七窟、蔵経洞から、道士の王円籙《おうえんろく》が五万点にもおよぶ経典、文書、絵巻などの敦煌文書（巻物）を発見したのは、一九〇〇年のことだ。入口が壁のように塗り固めてあったため、分からなかったのである。

仏教経典が大半を占めていたが、道教、儒教、そしてまた社会、地理、言語、科学技術などに関する文献も含まれていた。さらに絹絵、刺繡などの美術品もあった。七〜十世紀、唐から五代にわたる時代の人が書いた記録で、当時の生活と文化が記されていたのである。

しかし王円籙は、訪れた外国の探険家たちに、敦煌文書を次々と売ってしまう。

一九〇七年、英国籍のハンガリー人、オーレル・スタインに数千点、一九〇八年、フランス人のポール・ペリオに六千点あまり。その後、日本の大谷探険隊、さらにはロシア人のセルゲイ・

オルデンブルグにも売った。

そのなかでも、ペリオが購入した『天地陰陽交歓大楽賦《てんちいんようこうかんだいがくふ》』、『攘女子婚人述秘法《じょうじょしこんじんじゅつ》（既婚男性の求愛秘法）』そして「男女性愛図」は、唐、五代の性文化の研究に欠かせない重要な資料になっている。唐代の有名な詩人、白楽天の弟、白行簡《はくこうかん》（七七六—八二六）が書いたといわれる『天地陰陽交歓大楽賦』には、上流社会の若い男女の初夜、さらにその後の性生活の様子が、技巧法も加えて詳細に描かれている。

春ノ夜、灯リノ下デ、男ハ冠ノ紐ヲトキ、女ハ鬢《ビン》ノ花飾リヲ取ル。緊張シタ雰囲気ノナカデ、二人ハ幸セヲ願ッテ「鳳凰ノ呪文」ヲ唱エル。ツブヤキ合ッテイル鸚鵡《オウム》ノヨウダ。心ガ一ツニナッテイル。

古文書を調べるペリオ

男ハ朱雀《インケイ》（女陰だとする説もある。陰陽五行学説では、火—陽—日—夏—南—朱雀と組み合わされる。朱雀は陽だ。そしてまた鳥は、昔から男根の象徴である）ヲ出シ、女ノ紅イ褌《コン》ヲメクッテ白イ足ヲ持チ上ゲ、玉ノヨウナ尻ヲ撫デル。女ハ朱雀ヲ握ル。胸ガ高鳴ッテイル。男ハ女ノ舌ヲ口ニ含ム。興奮シ動揺シテイル。

陰水ヲ陽峰《キトウ》ニツケテコスル。女ハ調子ヲ合ワセテ受ケ入レヨウトスルガ、ドウシタライイノカ分カラナイ。

男ハ思イ切ッテ突ク。朱雀ガ中ニ入ッタ。突キ破ッタヨウダ。

シバラクシテ見ルト、処女膜ガ破レテアチコチニ血ガツイテイタ。精液モ出テヌレテイル。婚礼ノ仕来タリドオリ、絹ノ布デ拭キ取リ、竹ノ小箱ニ納メル。

コウシテ夫婦ニナリ、陰陽ガ一ツニナルノダ。一度結バレルト、陰陽ハモウ閉ザサレルコトハナイ。月夜ニ高楼デ、或ハマタ日暮ニ静カナ窓ノ側デ『素女経』ヲ読ミ、一緒ニ体位ノ挿絵ヲ見ル。

白行簡『天地陰陽交歓大楽賦』

衝立《ツイタテ》デ囲イ、枕ニ寄リカカッテ横ニナル。美シイ女ハ羅ノ裙《スカート》ヲ脱ギ、刺繍ノアル袴《ズボン》ノ紐ヲ解ク。顔ハ花ノヨウダ。細ククビレタ腰ハ、白絹ヲ束ネタヨウダ。

女ハ感情ヲ表ニ現ワサズ、潤ンダ目デ男ノ股間ヲソット見ル。男ハ女ノ体ノ向キヲ変エ、軽ク叩イタリモンダリシタ。シバラクスルト、マタ最初カラ同ジ順序デ撫デタ。

今度ハ脚ヲ持チ上ゲテ肩ニ乗セタリ、裙ヲ腹マデメクッタリシタ。口ヲ丹穴池《タンケッチ》ニツケテ吸ウ。尻ヲスクイ上ゲテ、サラニ激シク吸ッタ。朱雀ガグット頭ヲ上ゲテ脈打ッテイル様ハ、高ク突キ立ッタ孤峰ノヨウダ。金溝ハオビエタヨウニ動キ、口ヲ開イテイル。朱雀ヲ求メテウゴク様ハ、水ノアル幽谷ノヨウダ。

男ノ鈴口カラ先走リ水ガ流レ、金溝ニモ水ガアフレテイル。女ハ枕ニウツブシ、尻ヲ突キ出ス。

男ハ床《ショウ》ニ寄リカカリ、跪《ヒザマズ》ク。朱雀ヲアテガイ、押シツケテイタガ、ソノウチニ陽峰ガ琴絃ノアタリマデ入ッタ。少シ横ニ向ケテ押シ込ミ、穀《コク》（谷）実《ジツ》マデ入レタ。

〈原註〉『交接経』ニイウ。男陰ノ頭峰ハ陰幹トモイウ。又、素女ハ女人ノ陰、深サ一寸ヲ琴絃、五寸ヲ穀実トイウ。コレヨリ奥ヘ入レルト死ヌトイッテイル。

女ノ尻ガ震エ始メタ。温カク、奥ヘ奥ヘト引キ込マレル。浅ク止メルト、赤ン坊ガ乳首ヲクワエテイルヨウダ。

女ハ脚ヲ大キク開キ、扇子ヲアオグヨウニバタバタサセタ。男ハサラニ突キ込ンダ。浅イト女ハ尻ヲ浮カセ、深イト腰ヲ引ク。

女ノ口ニ舌ヲ入レテカラ、奥ヲ突イタ。淫水ガアフレ、ソノタビニ音ガシタ。奥マデ入レテシバラクソノママニシテオク。

アマリ激シイト駄目ダ。コレデチョウドイイ。絹ノ布デフイテ、モウ一度入レル。

女ハ尻ヲ動カス。男ハ奥ヲ突イタ。女ハ声ヲアゲル。男ハ励マサレ、力ヲ出ス。女ハ足ヲ上ゲテ震ワセタ。

男ハイヨイヨ九浅一深ノ房中ノ法デ始メル。『素女経』ガ教エテイル女ノ十動ヲ見極メヨウトイウノダ。思イドオリニ動キヲ速メタリ遅メタリシナガラ股間ニ目ヲヤリ、出入リリセタ。

女ノ様子ガ変ワリ、アエイデ、釵《カンザシ》ハ抜ケ、髻《モトドリ》ガ解ケタ。目ハウツロダ。鬢《ビン》ノホツレガ額ニカカル。梳《クシ》ハ肩マデズリ落チテ、半月ノヨウダ。

男モ目ガウツロニナッタ。トタンニ手足カラ力ガ抜ケテシマッタ。子宮ニ精液ガホトバシッタノダ。丹穴池カラ陰液ガ流レタ。

〈原註〉『洞玄子《ドウゲンシ》』ニ女人ノ陰孔ヲ丹穴池トイウ。

朱雀ガ抜ケ落チル、金溝ハマダ口ヲ開ケテイル。女ハ死ンダヨウニ動カナイ。侍女ガ絹ノ布ヲ差シ出シ、イイ香リノスル湯ヲ用意シタ。女ハ丹穴池ヲ洗ッテフキ、下着ヲツケタ。キレイナ衣装箱ヲ開ケテ、新シイ服ニ着替エル。鏡ヲ取ッテ化粧ヲナオス。朱色ノ履物ヲソロエサセ、銀飾リノツイタ寝台カラ出タ。色ッポイ仕草デフザケ、身ヲ寄セテ散歩スル。コノ戯レノヒト時ハ、生涯忘レラレナイモノダ。

唐の時代、性愛は男女の心を結ぶ絆だったのだ。

「鳳凰于飛《ほうおううひ》（鳳凰ハ並ンデ飛ブ）」は、仲のいい夫婦を表わす言葉だ。新婚の契りを結ぶ前、若い男女は幸せを願って、鳳凰の卦《け》の呪文《じゅもん》を唱える。そして処女膜が破れたときの血を絹でふきとり、竹の小箱に収めて、陰陽が結ばれた証《あかし》にする。神秘的な力を信じ、古への風習を忠実に守っている唐の時代の男女の姿が浮かんでくる。

『医心方』のなかに残った房中経典

日本の平安中期、丹波康頼（九一二―九九五）が、遣唐使の持ち帰った中国の医学文献、百数十点を整理、編纂した百科医学全書が『医心方《いしんぽう》』三十巻である。丹波国出身の丹波康頼は、鍼《はり》博士で丹波介《たんばのすけ》（丹波国を治める次官）でもあった。当時、都は京都（平安京）である。康頼は三世紀末に帰化した阿智王《あちのおみ》の八代目で、後漢、霊帝の子孫だといわれている。

全三十巻の内容は総論から始まり、鍼灸、内科・外科・産婦人科・小児科疾患、製薬法、養生法、食養法、そして房内と、多岐にわたっている。第二十八巻が、房中養生をまとめた「房内部」だ。三十章に分けて、『玉房秘訣』など中国の房中経典から要点を引用し、陰陽の道に基づいた性生活の方法が具体的に示されている。

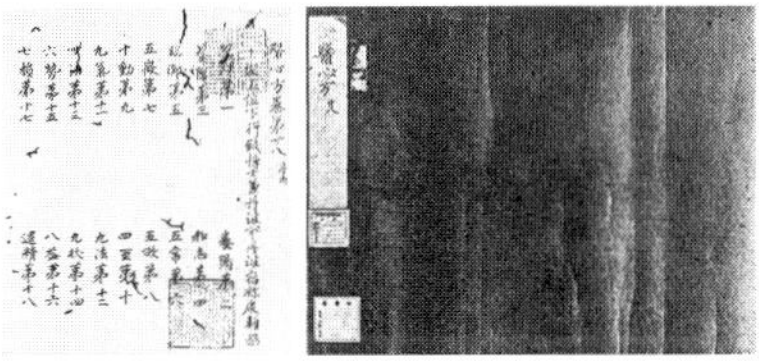

『医心房』第二十八巻「房内」

一　至理――房中養生の原理。
二　養陽、三　養陰――男は女の陰、女は男の陽を採って精気を養う法。
四　和志――房事にとって大切な心の和。
五　臨御――前戯。
六　五常――陰茎に備わった徳といわれる五常（仁・義・礼・信・智）。
七　五徴、八　五欲、九　十動――この三つは女の性反応。
十　四至――陰茎の変化と興奮度。
十一　九気――気と女の興奮関係。

十二　九法、十三　卅法――どちらも体位。
十四　九状、十五　六勢――どちらも抜き差しの法。
十六　八益、十七　七損――益になる性交と害になる性交。
十八　還精――還精補脳の法。
十九　施瀉――年齢と体質、そしてまた季節で異なる射精回数。
二十　治傷――房事過度疾患の治療法。
二十一　求子――優生を主体にした受胎の法。
二十二　好女、二十三　悪女――房中養生に適した女と害になる女。
二十四　禁忌――性の交わりを避けなければならないとき。
二十五　断鬼交――女が夢で犯され、絶頂感に達する鬼交の治療法。
二十六　用薬石――五労七傷（五臓が衰弱して生じる七種類の病気）、陰痿《インポ》などの治療法。強精薬の処方。
二十七　玉茎小――玉茎を大きくする法。
二十八　玉門大――締まりのなくなった玉門を治す法。
二十九　少女痛――初交による損傷の治療法。
三十　長婦傷――女の房事過度疾患の治療法。

使用されている経典は、唐、またそれ以前の房中養生術、神仙道教、薬剤方（仙薬）の書だ。そして出典も明記されている。『玉房秘訣』のほかに、『素女経』、『玄女経』、『抱朴子』、『玉房指要』、『千金要方』、『外台秘要』、『洞玄子』など二十数点から引用編纂されている。

房中長生術は邪術

さて宋の時代になると、中国社会は一変する。

貴族に代わって政治の担い手になったのは、地方の大地主や都市の大商人だった。科挙に合格して官僚（士大夫《したいふ》）になったのは、このような庶民階級出身の知識人である。

社会の変化とともに新しい文化が興る。

儒学は伝統的な経典の文章や文字の解釈に重点をおく訓詁学になっていたが、これを見なおした新しい哲学体系である理学が生まれた。四書・五経など経典の言葉にこだわらず、宇宙（天）の原理と人間の本性を究明しようとしたのだ。

理学は、北宋の程顥《ていこう》・頤《い》の兄弟と南宋の朱熹《しゅき》によって完成されたので、程朱学、あるいは宋時代の新しい学問の中核になっているので宋学とも呼ばれている。

ところが、理学の「存天理、滅人欲（天ノ理ニシタガイ、人ノ欲ヲナクス）」の思想は、房中術の経典を誨淫《かいいん》の書と見なすようになり、士大夫の間では口にされなくなってしまう。

新しい房中術の書が現われなくなっただけでなく、それまであった経典も大半がなくなってしまうのだ。房中術は世の中から影を潜め、道教のいくつかの派に秘術として代々受け継がれるようになってしまう。

この影響は、元、明、そして清の時代まで続く。宋の『五代史』から清の『清史』に到るまでに編纂された史書と蔵書目録には、房中術の書は記載されていない。

明の時代、色情文芸作品の隆盛にともなって、房中術が一時見直された時期もあった。しかし、それも女の精気を採って男の衰えを補う「採陰補陽《さいいんほよう》」の術に限られていた。これは本来の房中術をゆがめる結果になったともいわれている。

明代の有名な医学・養生学家、万全《ばんぜん》（一四八八―一五七八？）は、『養生四要』巻一・寡欲《かよく》でこういっている。

物好キナ連中ハ女ト交ワルコトヲ長生術ニシ、例エバ九一採戦ノ法（九浅一深の抜き差しで女の精気を採る法）ハ奪気帰元（精気を奪って元気に化《か》える法）ダトイイ、還精補脳ニナルトイッテイル。気ハ濁ッテ精ハ滓《カス》ニナリ、スデニ機能ヲ発揮シタ弦ニ張リガ足リナイ弩《ド》（石弓）ノヨウナ状態デ、女ヲ御《ギョ》スルコトガ出来ル者ハイルダロウカ。イッタン出タ精ヲ止メルノハ無理ナノニ、ドウシテ相手ノ精気ヲ採ルコトガ出来ルダロウ。神（心）ヲ動カサズニ相手ノ気ヲ採ルトモイワレテイルガ、採リ入レル通路ハドコニアルノダロウ。

コンナコトヲスルカラ淋瀝《リンレキ》（膀胱炎）ニナルノダ。精ヲ出シタクナッテモ抑エル。コレヲ黄河逆流トカ牽転白牛《ケンテンハクギュウ》トイッテイルガ、止メテドコニ溜メルノダロウ。コレデ疽《ソ》ノヨウナ悪質ナ腫レ物ガ出来ルノダ。決シテ養生ニハナラズ、カエッテ害ニナルダケダ。

明代は、まだ宋・元の程朱理学が盛んで、さらにまた王陽明（一四七二―一五二八）たちが現われ、道理を説き明かして発展させた。「存天理、滅人欲」の思想は社会に広がり、節欲・絶欲が唱えられていたのだ。

万全もこの影響を受け、房中採補の術、性の交わりによって女の精気を採り、衰えた男の精気を補う不老長生法を益のない邪術だと批判したのである。

蘇る房中長生術

房中術が新たに日の目を見るようになるのは清朝末期である。ミイラが二千年の眠りから覚めたような出来事が、続いて起こった。

一九〇〇年、敦煌、莫高窟《ばっこうくつ》で大量の古文書など貴重な文献が見つかった。それともう一つは、版本《はんぽん》目録学家の葉徳輝《ようとくき》（一八六四―一九二七）が、『素女経』など『医心方』房内部のなかに収録されていた古代の房中文献を編集し、世に出したことだ。

有名な蔵書家でもあった葉徳輝は、一九〇三年、『素女経』、『玉房秘訣・付玉房指要』、『洞玄《どうげん》子《し》』を、おのおの小冊子にして刊行した。中国では散佚していた古代房中術の書を蘇《よみがえ》らせたのだ。

一方、『医心方』の存在が中国に知られるようになったのは、明治十三年（一八八〇）、駐日公使、何如璋《かじょしょう》の招きによって来日し、参事官として同十七年（一八八四）まで滞在した湖北省の役人、楊守敬《ようしゅけい》（一八三九—一九一五）によってである。

その後、明治三十五年（一九〇二）、今度は葉徳輝の門人が来日。東京、上野の帝国図書館で『医心方』第二十八巻・房内部を書き写して中国へ送った。

平安中期に完成した『医心方』が、明治時代まで保存されていた経緯を簡単に紹介しておく。鎌倉時代まで、『医心方』は医家の定本とされていた。しかし、南北朝・室町期の動乱で散佚してしまう。幸い宮廷の秘庫に保存されていた物は残ったので、正親町《おおぎまち》天皇（在位一五五七—一五八六）は、治療の功績があった宮廷医、半井瑞策《なからいずいさく》にこれを下賜された。

その後、『医心方』は半井家の秘蔵本になった。それが木版で刊行され、再び世に出るのは三百年ほど後、江戸時代末、安政七年（一八六〇）のことである。このときのいきさつは、森鷗外が『澀江抽斎《しぶえちゆうさい》』に書いている。

帝国図書館で葉徳輝の門人が筆写した『医心方』は、この『安政版』といわれている。当時、日本は明治維新で社会情勢はすっかり変わり、医学も漢方は見捨てられ、ドイツ医学が規範とされるようになっていた。

一九〇七年、葉徳輝は稀覯《きこう》本を集めた『双梅景闇叢書《そうばいけいあんそうしょ》』全六冊を刊行した。この第一冊目のなかに、『素女経』、『玉房秘訣・付玉房指要』、『洞玄子』をまとめて入れる。そしてまた一九一四年、再版を刊行するとき、これに『素女方』と『天地陰陽交歓大楽賦』を加えたのだ。というより、加えたいために再版を出したのに相違ない。

一九〇九年、ペリオは王円籙から購入した敦煌文献の一部を北京、天津、南京などで公開し、話題になった。その『天地陰陽交歓大楽賦』が世に出るきっかけになったのは、端方《たんぽう》（一八六一—一九一一）がパリでペリオに多額の金を支払って撮影したという写真だった。端方は清末、陸軍部尚書、直隷（中央政府に直属する行政区）総督を務めた高官である。端方はまた、金石学（銅器や石碑に刻まれた文字の研究）にも通じ、珍本の蔵書家でもあった。

こうして日本に残っていた『医心方』の中国古代房中文献と、敦煌で発見された唐代性文化の文献が葉徳輝の手によって思いがけなく一冊の書にまとめられ蘇る。清朝末期のことであった。

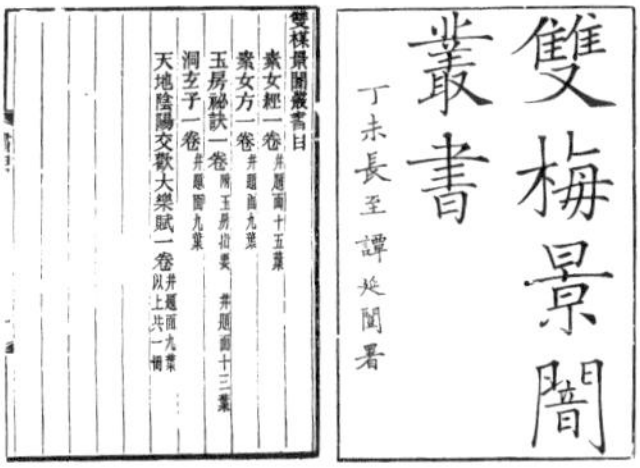
雙梅景闇叢書
丁未長至譚延闓署

雙梅景闇叢書目
素女經一卷 并題面十五葉
素女方一卷 并題面九葉
玉房祕訣一卷 附玉房指要 并題面十三葉
洞玄子一卷 并題面九葉
天地陰陽交歡大樂賦一卷 并題面九葉 以上共一冊

『双梅景闇叢書』

春宮画の発見

一九五一年、オランダ人、R・H・ファン・フーリック（R. H. van Gulik、中国名・高羅佩《カオルオペイ》。一九一〇—一九六七）は、『秘戯図考』を出した。彼は幼い頃から中国語と梵語を学び、ライデン大学では、法律と政治のほかに、中国と日本の文学を専攻している。一九三五年、二十五歳で外交官になり、オランダ駐日大使館員として赴任。その後は中国、マレーシアなど主にアジアで外交活動を続け、日本には三度派遣された。中国では重慶と南京の大使館に勤務し一九四三年に水世芳と結婚した。最後は駐日大使に昇進している。

『秘戯図考』は、最初、自筆の私家版として東京で五十部出版され、各国の大学および博物館、さらにその他の研究機関に贈呈された。

第一巻『秘戯図考』——漢から明代末（前二〇六—一六四四）までの性文献の歴史と、明代を主にした春宮画《しゅんぐうが》（春画）の歴史。

第二巻『秘書十種』——『医心方・房内部』、『天地陰陽交歓大楽賦』、『洞玄子』など文献資料十種類。

第三巻『花営錦陣《かえいきんじん》』——京都の骨董商で見つけて購入したという板木で刷った木版本。解説つき春宮画二十四枚。

著述家でもあったフーリックは、琴、硯など、中国文化に関する本もいくつか書いている。『秘戯図考』（三巻をまとめた総称）が世に出るきっかけになったのは、彼自身が描いた『中国迷宮殺人事件』の表紙にする絵だった。

これは唐の時代、辺境の町、蘭坊で起こったいくつかの複雑怪奇な事件を、狄仁傑《てきじんけつ》判官が解決する推理小説で、英文で書かれていた。魚返善雄《おがえり》氏の訳、挿絵はフーリック本人が描くということで日本での出版が決まる。ところが版元の講談社は、表紙は中国女性の裸体画にしてほしいといいだした。儒教の国、中国には裸体画はないから不自然だと彼は乗り気でなかった。それでも出版社は調べてみてほしいという。仕方なく彼は、以前から親しくしていた日本と中国の古書店、十数軒に連絡してみた。その結果、京都と香港で、明代の春宮画が出てくることになる。

『中国迷宮殺人事件』は、一九五一年、出版された。表紙は立ち姿で行水をしている裸女の横に、刀を持った女がいる絵になっている。序文は松本清張、解説は江戸川乱歩が書いている。

この本を出版する過程で、思いがけなく珍しい明代の春宮画の板木を入手したフーリックは、『花営錦陣』に、春宮画の歴史に関する簡単な序文をつけて私家版を作る計画を立てた。

ところが、資料になる文献が中国にも西洋にもないことに気づく。ただ日本にだけ、八世紀頃に遣唐使が持ち帰った原典が、『医心方』房内部のなかに一部残されていた。彼は、十年後に出版した『中国古代房内考』の序文で、この頃の心境を振り返ってこのように述べている。

西洋デハ古代中国ノ性風習ハ、頽廃的デ異常ダト考エラレテイタ。集メタ文献ヲ検討シテ、コノ風潮ハ正シクナイト確信シタ——。

コレラノ性ノ経典ハスデニ二千年前カラアリ、十三世紀ノ頃マデ広ク受ケ継ガレテキタ。シカシ、新シク起コッタ儒家ノ禁欲主義思想ノ影響デ、コレラノ経典ハダンダン見ラレナクナッテイッタ。一六四四年、清王朝ガ成立スルト、コノ禁欲主義思想ハ政治ト道徳トイッタ要因ノ影響デ、

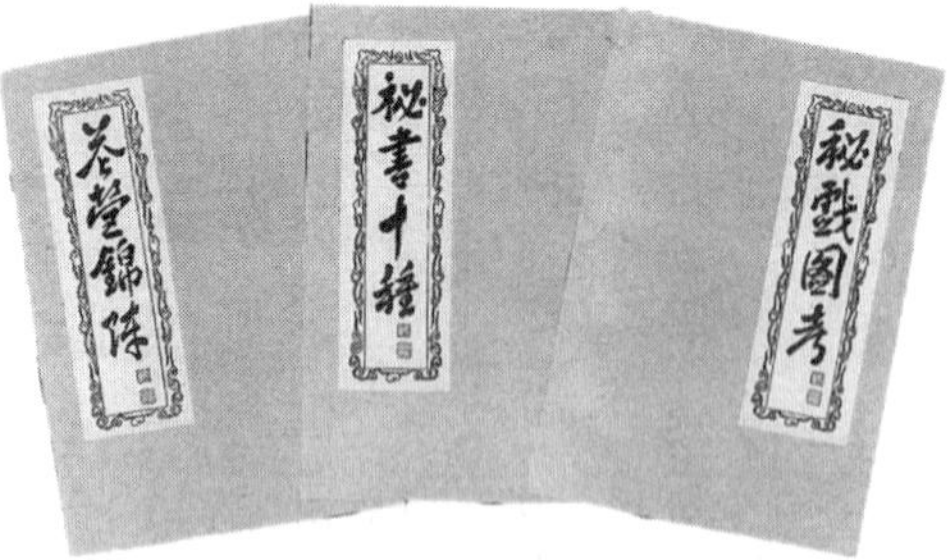

フーリックの出した『秘戯図考』『秘書十種』『花営錦陣』と『花営錦陣』に収められた明代の春宮画

更ニ徹底シタモノニナリ、性ノ問題ハ包ミ隠サレルヨウニナッテシマウ。ソノ後、中国人ハコノ秘密主義ニズット悩マサレルヨウニナルノダ――。

古代中国ノ性生活ニ関スル外国人ノ誤解ヲ正ス必要ガアッタ――。

こうして『花営錦陣』の序文はふくれあがり、先にあげた第一巻『秘戯図考』になる。

フーリックは、『秘戯図考』を刊行してから十年後の一九六一年、オランダ、ライデンで『中国古代房内考（SEXUAL LIFE IN ANCIENT CHINA）』を出版する。

『中国古代房内考』は『秘戯図考』の姉妹編だといわれているが、春宮画の話は出てこない。社会史、文化人類史の視点から中国の性の歴史を『秘戯図考』同様、明の時代までとらえ、新たに研究した学術書である。そして特に注目に値するのは、最後に補足されている印度、中国、日本との房中術の面での関連を論じた部分である。

オランダ版の『中国古代房内考』

印度の怛特《タント》羅《ラ》瑜伽《ヨガ》、それと西蔵《チベット》へ伝わった密教と道教との関係、また日本で邪教だと見なされてきた立川流との関係もとりあげている。中国は勿論のこと、日本、印度の文化にも造詣があったフーリックだったからこそ、このような視野の広い研究ができたのだ。

一九五〇年代以降

清朝は一九一二年、辛亥《しんがい》革命がきっかけとなって崩壊する。しかし、依然として古い頭の道学者たちの権威は残っており、その後も性を研究課題にすることは避けられていた。医学では房中長生術、宗教では西蔵《チベット》密教、文学では『金瓶梅』、絵画では春宮画が研究の対象からはずされていたのだ。

しかし、葉徳輝の『双梅景闇叢書《そうばいけいあんそうしょ》』が世に出てから、従来は聖域とされていた性の研究を始めた者が中国の各地に現われはじめた。

一九五一年にフーリックの『秘戯図考』が出たとき、西洋の学者より、彼らが受けた衝撃のほうが大きかったに相違ない。オランダ人に先を越された——自国の性史の扉を開けてもらうことになったからだ。一九五五年、後を追うようにして『医心方』安政版を写真にとって複製印刷した影印本《えいいんぼん》が、北京人民衛生出版社から刊行された。

その後まもなく、一九六六年に文化大革命が起こる。十年も続いたこの混乱の影響があったのだろう、房中養生学、性文化史、発禁本の解説などといった、性を主題にした本が中国各地で出版されるようになるのは、一九八〇年代に入ってからである。

馬王堆《まおうたい》漢墓が発掘されたのは、一九七〇年代の初めだ。珍しい古代の性医学文献の解読が、房中長生の研究に拍車をかけたことはいうまでもない。一九九〇年代前半、房中長生など、性に関する学術的専門書が数多く出版されている。そのなかには、フーリックの『秘戯図考』と『中国古代房内考』の中国語訳本も含まれていた。

一九九七年には、中国古代から現代までの性知識を網羅した『中華性医学辞典』。そして一九九八年には、『中国性科学百科全書』が出版された。これには、日本でも一般の医学書では見られないようなカラー写真や図版が入っている。

さらに一九九九年になり、『中国性史図鑑』が出版された。六百枚のカラー写真で実物を紹介した上・下二冊の豪華本だ。古代陶器、石器、玉器、刺繍、春宮画、岩画など、性に関する文物が集められ、くわしく解説が付けられている。但し図版の結合部は大半が上手に隠されている。

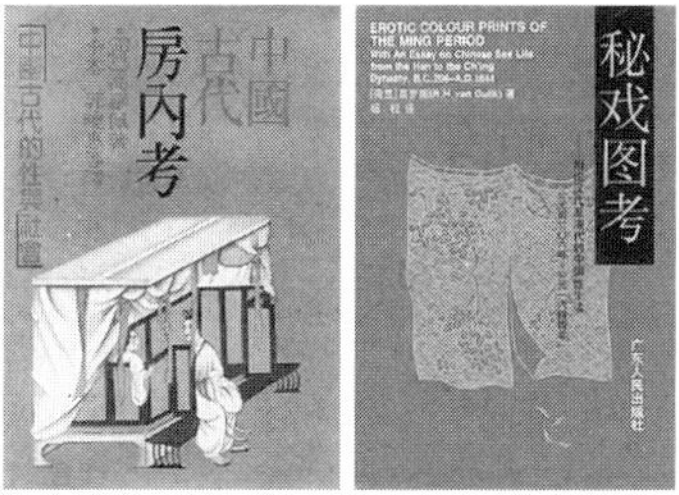

中国語版の『秘戯図考』と『中国古代房内考』

参考までに付け加えておくと、中国ではいまも掃黄《そうこう》（エロ文物一掃）の厳しい目が光っている。たとえば『金瓶梅詞話』の完本はいまだに発売されていない。出版されているのは、あくまでも学術専門的な内容の書物だけである。しかし単なる専門書ではなく、有意義な書物もたくさんある。詳細は最後の主要参考資料一覧をご覧になっていただきたい。

第二章　房中長生理論

天人合一

戦国、秦、漢の時代にわたって書き継がれたといわれる『易経《えききょう》』繋辞《けいじ》下《か》伝《でん》にこう記されている。

天ト地ノ間ヲ水ハ気トナリ、マタ水トナッテ循環シ、万物ヲ育テ成長サセル。陰陽雌雄ガ交ワリ精ヲ施《ホドコ》スト、アラユル生キ物ガ生マレ育ツ。

精（水）が女の胎内に入ると子供が出来る。古代の中国人は、精を生命を創造する神秘的な力を秘めたものとして崇拝した。これは、雨、露などの自然崇拝と関連があると考えられている。水は日に照らされると、蒸発して気になる。天地の間に満ちた気は雲や霧に変わり、また水にもどる。雲は雨や雪を降らせて地を潤し、万物を育てる。天と地の陰陽の気が順調に交流しないと、自然の調和は崩れてしまう。雨が降らないと生き物は枯れて、育たない。降りすぎると洪水が起こり、災害になる。

水は万物の命の根源である。

「雲雨」といえば、中国では大昔から使われてきた性交を表わす隠語だ。詩などでも「雲雨之夢」、「雲雨巫山《ふざん》」といった表現をされている。天と地の交わりによって生じた雨水（精液）は気に変わり、雲になる。男女の性の交わりは、天地の交合と同じだという発想だ。そのため、性交をして、雨ごいをしたときもあったという。房中術は天地陰陽交合（雲雨）の自然の道に従う法なのだ。

人ハ地ノ法ニ従イ、地ハ天ノ法ニ従イ、天ハ道ノ法ニ従イ、道ハ自然ノ法ニ従ウ。

これは春秋末期の思想家、李耳《りじ》の著『老子』にある教えだ。

自然のなかの一部分である人間は、自然と切り離すことはできない。大自然・宇宙には、独自の運行法則がある。この法則に従って時間のある宇宙空間に、目に見えない生命エネルギー（精・気・神）が集まり、形（体）になって存在するようになった。これが人間である。人と自然は一体、すなわち天人合一だと考えられている。例えば、精液、月経は天の水（天癸《てんき》）なのである。

そしてまた、この天人合一観に立脚して不老長生の術が生まれた。中国古代の医書『黄帝内経』が小宇宙だと見なす人体の生命エネルギー（精・気・神）を、いつまでも絶やさずにおく法である。陰陽五行思想と天人合一観とを融合して体系づけられた精・気・神理論に基づく房中長生術などの修煉を積み、いつまでも若く健康な体を保って不老長寿を目指す。運動をして筋肉を鍛え、体力をつけるだけでは不老長生に結びつかないと、古代中国人は考えたのだ。

房中術は、本来、性の交わりを手段にした長寿の法だった。ところが中国、日本でも、快楽だけを追求する性の技巧だと、長い間誤解されていた。房中術が長生術の一つだと再認識されるようになったのは、二十世紀になってからだった。

五行とは何か

山内雅夫氏は、その著『占星術の世界』の「陰陽五行説」の章でこういっている。

老子の説く道教によると、原初の宇宙は天地未分の混沌たるガスや微塵の太極（原初のモナド）であったが、太易（変化）がおきて、太初（形）、太始（気）、太素（質）を流出して、二つに分離（両儀《りょうぎ》）し、一つは軽く乾いたエーテルで、天上で火となって、太陽と化した。もう一つは重く湿ったエーテルで、地に沈んで水となって、太陰と化した。この太陽と太陰の交合した淫気《いんき》から、五つの惑星（木、火、土、金、水）が生まれた。故に、星という字は、日から生まれたという二字の合成語である。

道教によると、精神は天の気でできており、肉体は地の気の産物である。精神を動かすパワーを魂といい、肉体を動かすエネルギーを魄という。パワーは精、気、霊の三つでできており（三魂）、エネルギーは（喜、怒、哀、愛、憎、恐、欲）の七つの複合体（七魄）である。人が死ぬと魂は肉体から離脱し気化して神となり、魂と分離して肉体の周辺に留まる魄は沈下して鬼となる。

私たちは無意識のうちに、陰陽五行を表わす言葉を日常使っている。一週間の七曜だ。日・月は陽陰、火から土までは五行である。曜は、輝くとか光という意味だ。陰陽五行の天体と星がそのまま七曜にされている。生活の中に陰陽五行の知恵を溶け込まそうとする計《はから》いだったのかもしれない。

古代ギリシャの哲学やインドの仏教では地水火風が四大とされ、宇宙の四元素だと考えられていた。しかし、中国北方の騎馬民族は五という数を基本にした自然観を持っていた。

宇宙の万物を構成している五種類の基本物質、木・火・土・金・水が五行だ。

西周から戦国時代まで書きつがれた中国最初の歴史の記録『書経』の中の『周書・洪範《こうはん》篇』に、五行の話が出てくる。

> 五行トイウノハ、水・火・木・金・土ノコトダ。水ハ低イ方ヘ流レテ、物ヲ潤ス。火ハ上ニ燃エアガル。木ハ太陽ニ向カイ幹ヲマッスグ伸シ、枝ヲ曲ゲテ広ゲ大キクナル。金ハ熱ヲ加エルト、形ヲ変エルコトガデキル。土ハ種ヲマクト穀物ヲ育テル

洪範というのは洛水（黄河の支流）から出てきた五色の神亀の甲羅にあった文と図のことだ。洛書ともいわれ、伝説上の夏《か》の聖王、禹《う》が、さらに昔の堯《ぎょう》や舜《しゅん》の時代の思想をまとめたといわれる天地の大法である。その一つが五行なのだ。『書経』に文字として記録されるよりはるか大昔から、すでに五行の概念はあったことが分かる。

これには北方、騎馬民族の星信仰が影響していたのではないかといわれている。太陽と太陰の交合した淫気から生まれた五つの惑星（木・火・土・金・水）の運行は複雑で、古代中国人にとって神秘的なものであった。天地の万物には五惑星のいずれかの性質（気）が備わり、一年間の周期で変化する五惑星の精気の消長盛衰に影響される。五惑星の運行は地上のあらゆる現象とも関係があると考えられていたのだ。五惑星の運行から派生した「行」（周《めぐ》る）の概念は、さらに演《えん》繹《えき》されて「五行」の循環変化の規律になる。

これは「五行」の相互関係のことで、相生《そうじょう》、相剋《そうこく》などに分類されている。

天地自然の万物は春に生まれ、夏に繁茂して最盛期をしばらく保ち、秋に実を結び、冬になると死滅する。しかし、再び春が周《めぐ》ってくると、新しい芽を出す。

この一年を周期にした循環を木・火・土・金・水で表わしたのが五行である。木・火・土・金・水の順は、生・旺《さかん》・休・収・死と合致する。循環変化の規律、「相生・相剋」の理《ことわり》もここから出ているのだ。

「相生」は、木生火（木は火を生じ）、火生土（火は土を生じ）、土生金（土は金を生じ）、金生水（金は水を生じ）と順に変化し、最後にまた頭へもどって水生木（水は木を生ず）となり、無限に循環する。

この循環変化を分かりやすくいえばこうなる。木をこすり合わせると火が出る。燃えた物は灰になり、土に返ってしまう。そして土のなかでやがて金などの鉱物に変わる。金を採ろうとして土を掘ると水脈にぶつかる。金属の表面に水滴が生じる。木は水で育つ。

これに反し、木・火・土・金・水の順を一つおきに組み合わせると「相剋」になる。すなわち木剋土（木は土に剋《か》ち）、火剋金（火は金に剋ち）、土剋水（土は水に剋ち）、金剋木（金は木に剋ち）、そしてまた最初へもどって水剋火（水は火に剋つ）となるのだ。

木は土から養分を摂って育つ。土に負けていない。火は金を溶かす。土は水を吸い込んでしまう。金（金属）は木より固く、木を切り倒せる。水は火を消す。これが「相剋」だ。

そしてまた、古代の中国人は、天・地・人には五行の属性（気）があると考えた。即ち木は「育ち大きくなる」、火は「熱く炎上する」、土は「万物を育て守る。また土中で物を腐らせ、消滅させる」、金は「土中にあり、光り輝き美しく冷たい。熱を加えると形が変わる」、水は「低い方へ流れる。湿気があり物を潤す」など、五行の性質に基づいて、森羅万象を分類し、一つの体系に統合した。

これには五行の性質だけでなく、循環変化の規律も考慮に入れられている。次の図はその配当表の一部だ。

木――木星――春――風――肝――筋――目――怒――酸――少陽
火――火星――夏――暑――心――脈――舌――喜――苦――陽
土――土星――土用――湿――脾――筋肉――口――思――甘――陰陽等分
金――金星――秋――燥――肺――皮・毛・気――鼻――悲――辛――少陰
水――水星――冬――寒――腎――骨――耳・二陰――恐――鹹《かん》（しおからい）――陰

〈二陰〉男は陰茎と肛門。女は陰門と肛門。

配当表を見れば分かるように、自然と人体は五行の属性である気で結ばれ、統一されている。森羅万象、そして人体にも五行の気が通っていると考えたほうが分かりやすい。「行」には、変化・流動の意味もある。五行は固定したものではない。気が集まり形（体）になって現われているにすぎないのだ。

五臓と季節の関係はこうだ――肝気は春、心気は夏、脾気は土用、肺気は秋、そして腎気は冬に旺盛になる。

五臓と五気の関係はこうだ――風気は肝、暑気は心、湿気は脾、燥（乾燥）気は肺、そして寒気は腎を傷める。

春は木気の季節だ。木気が流れ込んでいる肝は旺盛になる。「木剋土」の相剋の規律が働き、土気が流れている脾が影響を受ける。弱って傷みやすくなるのだ。また同じ原理で、土用は腎、夏は肺、秋は肝、そして冬は心が病気になりやすいから注意が必要だとする。

春には酸（木気）を減らし、甘（土気）を増やして脾気を養わねばならない。また怒（木気）ったら、働きが旺盛になっている肝気を傷めるから、春は努《つと》めて怒らないようにする。吐納《とのう》（呼吸）、導引など気功や柔軟体操の法を使って肝気の流通をよくし、肝自体を養生することも大切だ。

このように自然と人体を五行の属性（気）でつなぎ一体化しようという考え方は、もとをただせば人体を小宇宙と見なす「天人合一」という考え方に基づいている。

そしてまた五行学説は、配当表の最後につけ加えてあるように、陰陽学説と結びつくのだ。日が当たる所は陽（火）で暑い。当たらない所は陰（水）で冷たい。春は少陽で夏に陽気が満ちる。秋は少陰で冬に陰気が満ちる。季節の変わり目、年に四回ある土用の期間は陰陽等分だと配当されている。

このように陰陽の気は、一年周期で無限に消長を繰り返していく。その過程で木・火・土・金・水を生じるのだ。春は木気、夏は火気、秋は金気、冬は水気、そして土用は土気の季節になる。五行の循環変化には、太極から生じた陰陽の気が影響していると考えられたのだ。

土用についてわたしたちが慣れ親しんでいる言葉に、「土用のうなぎ」がある。中国の昔の太陰太陽暦では、一年は三百六十日、四季はそれぞれ九十日になる。土用というのは立春、立夏、立秋、立冬の前の十八日間だ。この期間に弱まった気がまた強くなり、次の季節へ移ってゆく。土用は土気の季節で、陰陽の気の循環を促進する重要な期間（陰陽等分）である。土気には万物を土へ還し、そしてまたはぐくみ育てる力が秘められているからだ。

五行も陰陽も本をただせば「気」の思想だから、すんなり一体化したのである。

天地陰陽交合の道

『易経』繫辞上伝《けいじじょう》に、こう書かれている。

易ニハ太極ガアル。太極カラ両儀《リョウギ》（陰陽）ガ生ジタ。両儀カラ四象《シショウ》、四象カラ八卦《ハッカ》ガ生ジタ。八卦デ吉凶ガ分カル。吉凶ガ分カレバ大事業ニ結ビツク。

「易」では陰陽を⚋と⚊の爻《こう》（印）で表わす。陰⚋と陽⚊の気は結びついて四つの象《かたち》⚌、⚍、⚎、⚏に変化する。四象はさらに結びついて分かれ、八卦☰、☱、☲、☳、☴、☵、☶、☷になる。しかし、太極から出る陰陽の二気から生じた宇宙の森羅万象を象《あら》わすのには八卦だけでは無理なので、さらに八卦を二つ重ね合わせて六十四卦（䷂、䷑など）にした。陰陽の六つの爻の組み合わせは、万物に内在している陰陽二気の違いを表わしている。陰陽の複雑な組み合わせで出来ている森羅万象を、六十四の卦（記号）にまとめて分かりやすくしたのだ。

また近年になり新しい学説が生まれ、元をただせば⚊は男根、⚋は女陰を象《かたど》ったもので、これは大昔の生殖器崇拝に根源があるといわれている。そして本来、易は天地万物の変化にともなう吉凶禍福を占う巫術《ふじゅつ》、占卜《せんぼく》に使われていた。しかし、戦国、秦、漢と時代がたつうちに、「易」に解説（十翼）の部分、「伝」がつけ加えられるようになる。作者は孔子だといわれている。また春秋時代の諸家だという説もある。この十翼によって、「大ナル易ハ占ヲ言ワズ」といわれるように、「易」は深い謎を秘めた陰陽哲学の経典に変貌するのだ。

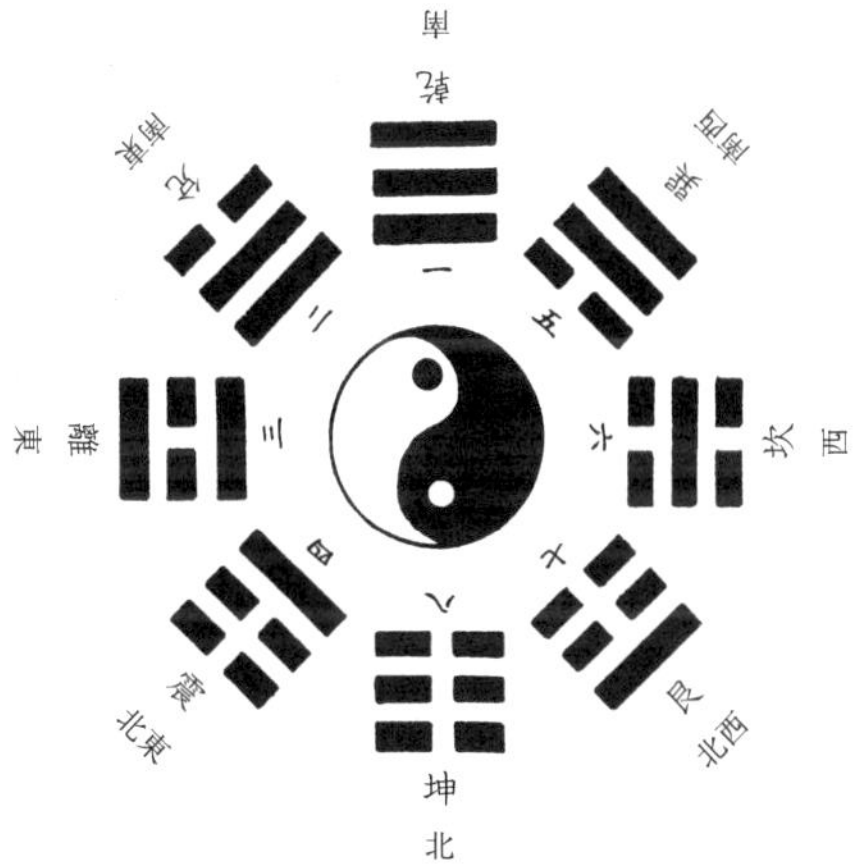

伏羲《ふっき》八卦図　伏羲は八卦を作ったという古代伝説上の帝王

> 陰ニナッタリ陽ニナッタリシテ無限ニ変化ヲ繰リ返スエネルギー、コレヲ道トイウ。コレニ継《シタ》ガエバ善《ヨ》イ。ソレガ性トイウモノダ。

これに続いて、「易」はこう定義されている。

> 生マレ生マレテ変ワッテユク。コレガ易ダ。

宇宙の万物は、太極から分かれた陰と陽の二気から生じ、この相反する二気の働き、相互持続作用によって、生成変化、消長盛衰しているとされているのだ。

万物は陰陽に分けて考えられる。

陽――天、日、火、光、男、雄など。
陰――地、月、水、影、女、雌など。

陰陽は光と影のような存在で、分離、独立したものではない。自然の変化は、すべて陰陽の働きに支配されている。四季の移り変わりも、人間の体の変化も、陰陽の循環に基づいているのだ。天候、季節の異常も、体の病気も、陰陽の循環の乱れが原因だとされる。

宇宙の万物は、陰陽の相互持続作用によって生まれ、変化発展してとどまることがない。

この陰陽学説に通じていた騶衍《すうえん》が、五行学説を取り入れ、陰陽五行学説を考え出した。戦国時代末期、前二五〇年頃のことだといわれている。

後漢末期の有名な医学、養生学家の華佗《かだ》（一一〇？―二〇八）が書き残したものを、晋の時代の人が編纂したといわれている『中蔵経《ちゅうぞうきょう》』にこう記されている。


天地ニハ陰陽五行ガアル。人ニハ血脈五臓ガアル。五行ハ金、水、木、火、土ダ。五臓ハ肺、腎、肝、心、脾ダ。五行デハ、金ガ水、水ガ木、木ガ火、火ガ土、ソシテ土ガ金ヲ生ム。互イニ補イ合ッテ変ワッテユクコノ道ハ、循環シテ尽キルコトガナイ（五行相互の規律、「相生」のことをいっている）。

五臓デハ、肺ガ腎、腎ガ肝、肝ガ心、心ガ脾、ソシテ脾ガ肺ヲ生ム。順番ニ栄養ヲ与エ、休ムコトハナイ。五臓ハ五行ト同ジヨウニ相生相成、昼夜流転シテ、止《トド》マルコトガノイノダ（五行の配当表で、肺は金、腎は水、肝は木、心は火、脾は土に配当されている。金の属性がある肺は、水の属性がある腎を生んで養う。即ち、「相生」原理に基づいた考えだ）。

コノ法ニ従エバ吉、逆ラエバ凶ニナル。天地陰陽五行ノ道ノ中ニ人モ含マレテイル。

華佗が説いているのは陰陽五行の「天人合一」思想、つまり「天に順ずる者は必ず栄え、天に逆らう者は必ず滅びる」ということである。

北宋の周敦頤《しゅうとんい》（一〇一七―七三）は、万物は陰陽の矛盾した運動のなかで生じ、発展し変化しているという宇宙の摂理「易」を簡明に図式化し、『太極図説』を著した。

太極ガ動クト陽ガ生ズル。動キハ極限ニ達スルト静マル。ソシテ静カラ陰ガ生ズル。静ハ極限ニ至ルト、マタ動キ始メル。動ト静ノ反復ガ、宇宙ノ根本ニナル陰ト陽ヲ生ミ出シテイルノダ。陽ハ変化シ陰ト合シテ、水・火・木・金・土が生ズル。五気ハ理ニ従ッテ広ガッテユク。ソシ

周敦頤「太極図」

テ、四時（春夏秋冬）行《ウゴ》イテイル。五行ハ一陰陽ダ。陰陽ハ一太極ダ。太極ノ元ハ無極デアル。ソコカラ五行ガ生ジテクルノダ。ソノ性ハ一、無極ノ真デアル。二（陰陽）ト五（水・火・木・金・土）ノ精ハ、妙合シテ凝《カタ》マル。乾《ケン》道（☰）ハ男ニナリ、坤《コン》道（☷）ハ女ニナル。二気ハ交感シテ万物ガ化生《ケショウ》スル。万物ハ次々ニ生ジテ、無限ニ変化シテユク。

周敦頤は簡潔に陰陽と五行の関係を説明している――宇宙の万物に分散されている五行の属性は、陰陽が結ばれて生じた気だ。五行の源が陰陽なら、陰陽は太極を経て無極から生じるのだから、五行の根源は同じように無極なのだ。なお現在では、太極は太陽系小宇宙、無極は果てしない大宇宙だと解釈されている。

陰陽は反発しながら依存し合い、万物に普遍的に存在している。すべての運動と変化を支配しているのだ。陰になったり、陽になったりして平衡が保たれていると、すべては正常に発展してゆく。もしこの調和が失なわれ、どちらかが強くなると、一方は弱まり異常になる。
陰陽には次のような関係があるといわれている。

陰陽相依《そうい》――陰だけでは生じない。陽だけでは成長しない。
陰陽相生《そうじょう》――陰は陽を生み、陽は陰を生む。
陰陽相剋《そうこく》――陰が盛んになると陽は衰え、陽が盛んになると陰は衰える。
陰陽互根《ごこん》――陰の中に陽があり、陽の中に陰がある。
陰陽転化《てんか》――陰が尽きると陽が生じ、陽が尽きると陰が生じる。

またこの陰陽の相互持続作用は、房中長生法の基礎理論になっている。『易経』の陰陽観に基づいた、天と人は陰陽の気で結ばれているという観念が、房中長生の法を生んだのだ。古代から現代にいたる房中長生術の変遷は、陰陽の関係と作用を探求する過程だといわれている。内丹などの法は、導引、行気などの気功法は、天と人との陰陽の気のつながりを追求している。人体内部の陰陽の気を操って動かす技の探求だ。
そして房中術は、男女の陰陽交合法の研究である。『洞玄子』はこういっている。

天ハ万物ヲ生ミ、人ヲ最モ貴イモノトシタ。人ニトリ何ヨリモ大切ナノハ、性欲ニ溺《オボ》レナイコトダ。性欲ハ天地陰陽ノ法ニ基ヅイテイル。

房中長生術は、天地陰陽の規律にのっとった性交の法なのだ。

座ッタリ寝タリシテ伸ビ縮ミサセル形、仰向ケタリ俯《ウツム》ケタリシテ進メル勢《セイ》（体位）、横アルイハ後ロカラ攻メル法。ソシテ出シ入レ深浅ノ要領ハ、陰陽ノ理ニカナイ、五行ノ数ニ合ウモノナノダ。コノ法ニ従ウ者ハ寿命ガ延ビ、守ラナイ者ハヒドイ目ニ遭ッテ命ヲ亡《ナ》クス。

陰陽の気が集まり、一つの形（体）になったものが命である。

男女の交りは、宇宙が万物を生み出す偉大な力、天地陰陽交合の道に基づいた営みなのだ。新しく生まれてくる生命に、自我の完成を託すのである。

女と男は水と火

『素女経』は、『カーマスートラ』（インド）、『匂える園』（アラビア）と並んで、世界三大性典の一つになっている。珍しいのは素女という仙女が、黄帝に房中術を説く経典、女の教えだという点だ。この中で素女は五行の水と火を陰陽にたとえて、男女の関係を巧みに説いている。この教えは陰陽五行学説と密接な関係があることが分かる。

黄帝ガ素女ニ尋ネタ。

「ヤル気ガナクナリ、アセッテ体ガツイテコナイ。イツモ怖ジケテシマウ。ドウシタノダロウ？」

素女ハ言ッタ。

「人ガ顎デ蝿ヲ追ウヨウニナルノハ、陰陽交接ノ道ヲ誤ッテイルカラニホカナリマセン。女ハ男ヨリ強イ。ソレハ水ガ火ニ勝ツヨウナモノデスカラ、ヨクワキマエテ行ナウコトデス。例エバ釜ヲ鼎《カナエ》ニカケ、五味（酸・苦・甘・辛・鹹）ヲ混ゼテ、コッテリシタ肉ノ湯《スープ》ヲ作ルヨウニシテスルノデス。陰陽ノ道ガ分カッタラ、五欲（目・耳・口・鼻・心）ノ快楽ガ得ラレマス。コノ事ヲ知ラナカッタラ、若死ニシマス。楽シミハ得ラレナクナッテシマイマス。慎マナケレバナリマセン」

〈五味・五欲〉五行（木・火・土・金・水）の性質に基づき、このように分類されている。

水の分量と火かげんがうまくいかないと、料理は上手にできない。男女の交りも同じで、女（水）と男（火）が調和しないとだめだ。水は少なくても、多くてもよくない。火は強くても、弱くてもだめである。苦い思いをするだけでなく、体を損なうことにもなりかねない。水火相済《そうせい》でなければならない。済は救うこと。女（陰）と男（陽）は足りないところを補い、助けあうという意味だ。
水と火は男女の違いをよく表わしている。
一　火は燃えやすく、消えやすい。水は温めるのに時間がかかる。しかし、ひとたび熱くなると、冷めるのもゆっくりしている。
二　燃料がないと火はつかない。水はそのままで水だ。また適応性にも富んでいる。
三　水を温めるには火がいる。火を消すには水が必要だ。

精・気・神が人体を動かす

生命エネルギーである精・気・神理論の発想の原点は、古代の性崇拝にあるといわれている。「天人合一」の項で述べたように、古代の中国人は精液で子供が出来ることを不思議な神秘的な現象だと感じ、性を崇拝した。

これは自然の雨、水に対する崇拝と関係があると考えられている。精を水だと見なしていたのだ。

天から降ってくる雨で大地は潤い、植物は芽を出して育つ。動物も水を飲まないと生きていけない。水は命の根源だ。水は太陽に照らされて水蒸気になる。天に昇って雲となり、再び雨となって降ってくる。小宇宙である、人体内の変化も、自然と同じ法則に基づいていると考えたのだ。体内で精（水）は気になり、そしてまた汗、唾、精液などの津液《しんえき》になって水にもどる。精液は新しい命の根源だ。精（水）と気は天地自然、人体百脈の中を停止することなく常に流れ、万物と人間に生命エネルギーを供給している。精気が少なくなったら元気はなくなり、命は絶える。さらに後の春秋時代になってから、斉《せい》の管仲《かんちゅう》（前七三〇頃〜前六四五）たちによって、精気に哲学的な意味を持つ神（心）というエネルギー概念が付け加えられた。

本をただせば自然と人体の法則は同じだと見なす「天人合一」観から、精・気・神理論は生まれたのである。天地の雨水と同じように、人の精は命の根源なのだ。

精・気・神は先天と後天に分けられている。父母から受け継いだ先天の精・気・神は「三宝」と呼ばれ、道教養生長生家の間では不老長寿の丹を作る原料になる薬物だと見なされ重要視されている。

精は先天と後天の二つに分類される。

一　先天の精（元精、真精、元陽）

父の精、母の血を受け継ぎ、生まれたときすでに腎に蔵されている。腎に元からあるので腎精ともいう。房中長生法では、臍下《せいか》丹田《たんでん》（不老長寿の薬・丹にする原料を煉り蓄えておく所）。臍の下、三寸にある）がその本《もと》になっていると考えられている。西洋医学でいうホルモンと似たところがある。

先天の精には発育と生殖の機能がある。体を成長させて、青年期になると天癸《てんき》（天の水）を生み出す。天癸は性器を発育させ、精子を造り月経を起こす。新しい生命を誕生させる働きをするのだ。

壮年期になると元精が衰え始め、体をじょじょに衰退させる。そして更年期に達すると、腎の精気の衰えとともに天癸が消失し、生殖機能も低下する。月経は止まり、性器は萎縮を始める。

二　後天の精
体内に摂取した水と穀物の栄養から生成される。脾で造られ、五臓（心・肺・肝・腎・脾）に蓄えられる。腎が本になって管理している。生理活動を維持するエネルギー源だ。

後天の精は先天の精を本にし、そしてまた先天の精も活動源を後天の精からもらい、生命エネルギーになっている。相互依存して働いているのだ。

気はやはり先天と後天の二つに分類される。

一　先天の気（元気、真気）
先天の精が右の腎（命門）の陽火で燻《いぶ》されて生ずる。右の腎は陽（火）を宿し、陽エネルギーを出している。この陽気の働きで、精は気に変わるのだ。そして臍下丹田に蓄えられる。後天の精に養われて六腑（空腔のある臓器。胃・胆・三焦《さんしょう》・大腸・小腸・膀胱）の一つ、三焦（胸と腹部にあるといわれている腑。気や水分の通路。中医学でいう三焦は、西洋医学のどの臓器に相当するか未詳）を通して全身に運ばれ、細胞、経絡、臓腑の活動をうながす。後天の気と区別するため、気の異体字・「炁《き》」（元気）が使われている。

二　後天の気

口から吸いこむ空気（天の気）と水穀の栄養（地の気）から生ずる。体中に充ち、呼吸と血の運行を司《つかさど》る。津液《しんえき》（皮膚の汗、肉の血、腎の精、口の唾、目の涙。中でも唾は不老長寿の仙薬、金漿玉体とされる）になる。体温を調節して五臓六腑を温め養う。肌に潤いを与えて保護し、外邪の侵入を防ぐなどの働きがある。中医学では宗気（肺や心臓の働きを助ける）、営気（血脈や経脈に入り栄養になる）、衛気（外部から病邪が侵入するのを防ぐ）などに分けられている。

最後に残った生命エネルギーの一つ、神も同じように二つに分類されている。

一　先天の神（元神、元性、真性）

先天の気から生じる意識の活動状態。現代心理学でいわれる無意識、潜在意識に似ている。

二　後天の神

生まれてから備わった知覚、意識、知識、智恵など、心と脳の働きの総合。

もう一度まとめてみよう。

精は生命エネルギーの本、気は精の活動状態。精気がなくなったら命はなくなる。神はこの活動が最高の形になって現われた状態、心の働きである。「三宝」理論では特に元神が重視されている。元神は元気、元気は元精から生ずるということは、逆に考えると、元神は人体すべての生命活動を統御しているといえるからだ。しかし、精・気・神は、三者一体、不可分の関係にあり、相互依存して人体を動かしているのだ。

経絡

精・気・神の目に見えない生命エネルギーは、五臓六腑に蔵され、経絡《けいらく》を通して全身に運ばれる。経絡は精・気・神を臓腑から四肢、百骸《ひゃくがい》へ通し、生命を維持しているのだ。中国伝統の房中長生法では、経絡学説が重視され、長生を実践するための基本理論の一つになっている。

上下、つまり縦に通っている主脈を経（道）、そこから分かれた支脈を絡（網）という。経絡は両者を合わせた名称だ。

経脈は、十二正経と奇経八脈に大別されている。十二正経は、臓腑から端を発し、胸、腹を通って顔、頭、手足につながっている陰・陽の経脈。そして手と足には三本ずつ陰の脈が通り、全部で十二になっている。体の表面にある穴位《つぼ》ともつながっているから、針灸、按摩などの医家にも重視されている脈だ。

精・気・神は常に十二正経のなかを流れ、体の隅々まで行き渡っている。流れが正常なら、健康である。

奇経八脈というのは、督《とく》脈、任《にん》脈など十二正経の機能を調節する八つの経脈のことだ。しかし、通常は陰気でつまっている。意念（神）で陽気を動かして通さないと開かない。奇妙な経脈なのだ。奇経八脈が通ると、気と血が全身にくまなく巡り、滞ることがない。病気が未然に防げて健康を保つことができる。

督脈は会陰《えいん》（男は陰茎と肛門、女は膣と肛門の間にある経穴《つぼ》）から始まり、脊椎《せきつい》に沿って上にあがる。首の後ろを通って後頭部にある経穴、風府穴《ふうふけつ》から脳に入る。そして頭のてっぺんを回り、泥《でい》丸《がん》（脳にある上丹田）を経て額に沿って下へ向い鼻柱を抜け、齦交《こんこう》（上歯茎の中央部にある経穴。齦は歯茎という意味）で止まる。

督脈には尾閭《びろ》（脊椎の最下端部）、夾脊《きょうせき》（心臓の後ろに当たる脊椎部）、玉枕《ぎょくちん》（後頭部、骨が隆起した所）と呼ばれる気が通りにくい三つの関所、三関がある。督脈はまた陽がたくさん集まったところ「陽海」といわれ、十二正経の中の陽脈の働きを統括している。

任脈は下腹（男は陰嚢、女は子宮）から出て会陰を通り、腹に沿って体の前面中央部を上にあがり、胸、喉《のど》、頤《あご》を抜けて二つに分かれる。口の両側を回って齦交でまた一つになり、再び二つに分かれて両方の目の下で止まる。任脈は「陰海」といわれ、十二正経の中の陰脈の働きを統括している。また任脈は臍下丹田と心臓の下にある中丹田（絳宮《こうきゅう》）につながっている。

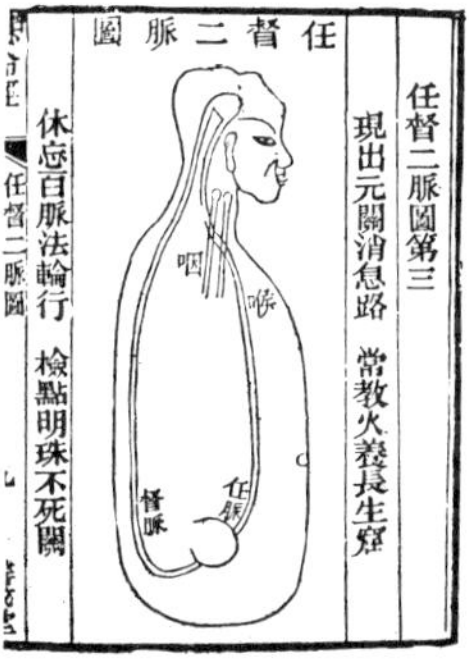

任督二脈図

丹田は不老長生の薬、丹にする原料を煉り蓄えておく重要な場所だ。体内には上（脳の泥丸）・中（心臓の下の絳宮）・下（臍の下、三寸）の三丹田があり、督脈と任脈でつながっている。そして下丹田には丹の原料になる大切な元精、上丹田には元神、中丹田には元気が蔵されている。

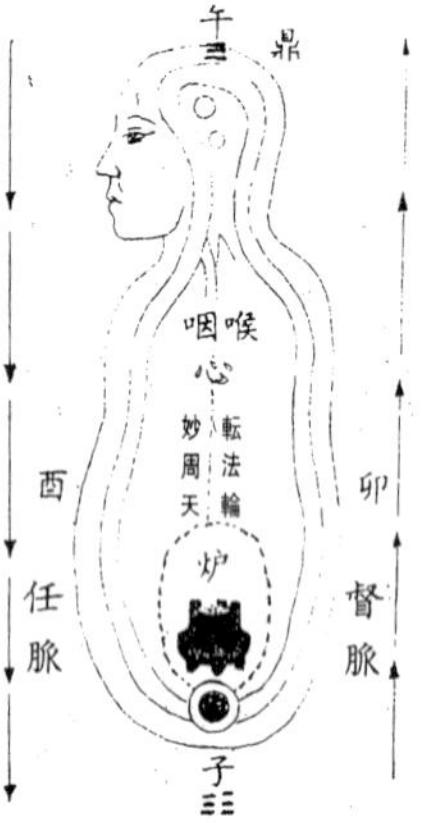

小周天

運煉丹薬と坎離交媾

明、李時珍《りじちん》『瀕湖脈訣《ひんこみゃくけつ》』にこう記されている。

任・督ノ二脈ハ人身ノ子午デアル。丹家ガ陽火ト陰符ヲ升降《ショウコウ》サセル道ダ。坎水《カンスイ》ト離火《リカ》ヲ交媾サセル郷《サト》デアル。

丹薬を飲まずに体内で不老長生の仙薬、丹を作る法を「運煉《うんれん》丹薬」という。これには「小周天」、「大周天」そして「煉神還虚」といわれる三つの段階がある。

ここで李時珍が説いているのは最初の段階、元精を煉って元気に化《か》える「煉精化気」の法、「小周天」のことだ。周天は中国古代の天文学用語だ。日・月・星は一昼夜で天を一周《まわ》りする。それを一周天といった。

体は小宇宙、「一壺《いっこ》天《てん》」である。小さな壺のような体には天の気が満ち、精気を周《めぐ》らせる、子《し》午《ご》線に見立てた督・任脈の輪もある。督脈と任脈は会陰と齦交でつながり、一つの輪になっているのだ。頭を北にして、これを体内の子（北）午（南）線だと考えたのだ。それで「小周天」は「子午周天」ともいわれている。

臍下丹田の元精に意念を集中させ（存想）、心の目で見ながら（内視）、呼吸法で操って動かし、督脈を通して脳の上丹田に上げる（存想、内視、呼吸法についてはこの章の「房中煉気」の項を参照）。そして今度は任脈を通して下ろし、胸の中丹田を経由させて臍下丹田に戻す。この回転を何度も繰り返えし、元精の純度を高めて元気に化える。これが丹を煉るといわれる技の最初の段階、「煉精化気」だ。

「大周天」は元気を同じ要領で煉って元神に化える法。この場合、督・任脈だけでなく、その他の奇経八脈にも元気を周らせなければならないので「大周天」といわれているのだ。

そして最後の「煉神還虚」は元神を煉って最高の不老長寿の大薬、「虚」の仙丹にする法だ。「煉神合道」ともいわれ、「道」を悟った「真」の状態、仏教でいう解脱の「無」と似た「虚」の境地に入る法である。

道教の内丹家には二つの派がある。

このように体内の原料（先天的精・気・神）を一人で煉って丹にする単修（清修）派と、性交によって相手の精気を採り、補って丹にする内丹双修派だ。

李時珍が「陽火」、「陰符」、そして「坎水」、「離火」といっているのは、本来なら心臓の陽火と腎臓の陰水のことになる（第三章、第二節にある「十機」の「陽機」を参照）。しかし、内丹双修家的な発想をすれば、男と女の精気だと考えることもできる。これについてはまず陰陽八卦の話をしてから、その後で詳しく説明する。

明、尹《いん》真人の弟子の著だといわれる房中長生の書、『性命圭旨《せいめいけいし》』にこう記されている。

外薬（後天の精・気・神）ニツイテ言ウト、先ズ性交ノトキ、精ハ漏ラサナイヨウニスル。呼吸ハ、ユックリ気ヲ吸ッテ吐ク。神ハ乱レナイヨウニスルコトガ大切ダ。

内薬（先天の精・気・神）ニツイテ言ウト、精ヲ煉《ネ》ルノハ、元精ヲ煉ルコトダ。坎《カン》（☵）ノ中ノ元陽（⚊）ヲ抽《ヒ》キ出スノデアル。元精ガ固マッタラ、性交ノトキ精ハ自然ニ漏レナクナル。気ヲ煉ルノハ、元気ヲ煉ルコトダ。離《リ》（☲）ノ中ニ元陽ヲ補ウノデアル。元気ガ出来タラ、呼吸ノ気ハ自然ニ出入リスルヨウニナル。

神ヲ煉ルノハ、元神ヲ煉ルコトダ。坎ト離ハ合体シ、元陽ハ戻ッテ乾《ケン》（☰）ニナル。元神ガ凝《カタ》マルト、神ハ自然ニ乱レナクナル。

外薬、ソレカラ内薬ヲ煉養スレバ、必ズ仙人ニナレル。

〈外薬・内薬〉体内の薬（精・気・神）を煉って丹にする内丹家は、両親から受け継いで先天的に体内にある元精・元気・元神を「内薬」、体外の水穀や空気から摂る後天的な精・気・神を「外薬」と呼んでいる。

やはり内丹双修家的発想で考えると、房中（性交）を不老長生の手段にする内丹双修法が、陰陽八卦理論を基にして具体的に説明されているとも解釈できる。これが小周天を応用した「坎離交媾」といわれる煉丹の法だ。

万物には、太極から出ている陰陽の気が流れている。『易経』では陰を⚋、陽を⚊の記号（爻《こう》）で表わす。そして、この二つの爻を複雑に組み合わせ、万物に内在している陰陽二気の相違を六十四に分けて卦にしている。宇宙の森羅万象を記号にして、六十四の卦にまとめたのだ。

道教では『易経』の陰陽八卦理論に倣い、男は火を表わす卦、離☲、女は水を表わす卦、坎☵の記号で表わしている。また、ただ単に火（陽）、水（陰）を使うこともある。「女と男は水と火」の項、昔の仙女、素女の教えにあるように、男の性質は陽が強くて火に、女の性質は陰が多くて水に似ているからだ。面白いことに百パーセント男、☰（乾卦・天）、百パーセント女、☷（坤卦・地）だという人間はいない。

男は外面は陽⚊だが内面は陰⚋だから、燃えやすく冷めやすい。女は反対に外面は陰⚋だが内面は陽⚊だから、いちど沸騰したら冷めにくい性質がある。

前に李時珍が「陽火」といっているのは女☵の内面の陽⚊、陰符（水）といっているのは男☲の内面の陰⚋のことだ。房中術を使って女（坎水）と男（離火）の精気（火水）を一つに混ぜ合わせる。これが「坎離交媾」といわれる内丹双修法である。

そしてまた、『性命圭旨』はこの内丹双修法をさらに詳しく説明している。

道教の房中長生法では、女☵の体は陰だが、津液だけは陽⚊、男☲の体は陽だが精気だけは陰⚋だと考えられている。

性交中に女がもらす津液を、女陰から陰茎で吸い上げて採る。いくときに出す津液に最も多く陽（精気）が含まれている。津液は女（坎）☵の中にある陽（火）━だ。採った陽━を男（離）☲の中にある陰（水）、即ち腎にある精気と混ぜ合わせ（交媾）、督・任脈を周らせて臍下丹田に入れ真気を養うのだ。

この過程を陰陽八卦の記号で表わすと、坎☵の中の陽を抽《ひ》き出して離☲の中へ入れ、純陽☰にするということになる。女の精気を採って男の精気を補い、不老長生の薬、丹にするのだ。

陰陽の精が融合するのを表わした図

道教では純陽☰は仙、半陰半陽☲・☵は人、そして純陰☷は鬼（亡霊）だと考えられている。内丹双修法によって陰を取り除くと、男も女も不老長寿の「純陽の体」になれるという。内丹双修の「還精採気」という深遠な法を、陰陽八卦の記号を使い、目に見えるように分かりやすく説明したのが「坎離交媾」なのだ。

房中煉気

戦国時代（前四〇三―前二二一）、荘周の著作だといわれている『荘子』外篇・知《ち》北游《ほくゆう》にこう記されている。荘周は『老子』の後を継ぎ、道家思想を完成させた人物だ。

人ノ命ハ気ガ集マッタモノダ。集マレバ命ニナルガ、分散シタラ人ハ死ヌ。

空気は命の源だ。空の中に気という生命エネルギーがある。体内の気を減らさず、保っておくことが出来たら、いつまでも若く健康でいられる。修煉を積めば不老長寿の仙人にもなれる。山奥のきれいな気（霞）を食べるだけで生きていけるようになるというのだ。これが気功という長生きの術である。

方士はこの技に、さらに動物の動きを真似た柔軟体操と、心の働きである瞑想を付け加え、これから説明する導引、行気、吐納、存想、内視そして胎息などの法を考え出した。

そしてまた秦、漢の時代（前二二一―二二〇）になると、道士たちがこれらの技を性交にも応用するようになり、健康と長寿を目指す修煉、房中煉気の法が生まれた。これが後の道教房中長生術の出発点である。

本をただせば、房中術というのは気功の技と性交を一つにした、気を煉って蓄える長生きの法なのだ。気功を柔軟体操と結びつけて導引、瞑想と結びつけて存想、内視が生まれたように、気功の技を性交と結びつけたのである。

房中煉気は、前技、性交、そして精液を出さず、気功法で体内に周らせて養分にする止精行気の三段階に分けられている。十三世紀、宋の頃まで主流を占めていた技は、導引、行気、吐納、存想だった。しかし十四世紀、元の時代以降は、女の精気を採って補う内丹双修法が中心になったといわれている。

一　導引

すでに述べたように、一九七〇年代の初め、湖南省長沙市の郊外、馬王堆で、漢の時代の墳墓が発掘されたとき、新しい性経典、『合陰陽』、『天下至道談』など、房中長生法にとって貴重な資料も出土した。

馬王堆から出た導引図

そのなかには、帛《はく》（絹）に描かれた導引図も含まれていた。さまざまな恰好をして体を動かしている四十四人の男女の姿が、色鮮やかに描かれていたのだ。五禽戯《ごきんぎ》（五種類ノ動物ノ戯レ）という名称から、熊、猿、鳥などの動作をまねていることが分かった。体は動かさず、呼吸運動だけしている人もいる。

導引とは、気を導いて陰陽の調和をとり、体を動かして柔らかくするということだ。導引が大切なことをたとえて、戸枢不蠹、流水不腐（戸臍《トボソ》ハ虫ニ食ワレナイ。流レル水ハ腐ラナイ）といわれている。開き戸の框《かまち》（枠）の上下の端に凸部をつけ、当たる所に凹部を作ってはめこみ、開け閉めさせる。戸臍は凹部のことだ。常に凸部が動いているから虫が食わない。同じように導引で健康が保てるということだ。

体を動かしながら意念で気を導引（誘導）して経絡の停滞を取り除き、病気にかからないようにするのが導引だ。五禽戯、八段錦《はちだんにしき》（八種類の動きからなる体操）、太極拳など、健康長生を保つ方法である。

東晋の葛洪《かっこう》（二八三―三六三）は、その著『抱朴子《ほうぼくし》』でこう教えている。

伸シタリ曲ゲタリ、俯《ウツム》ケタリ仰向ケタリ、動イタリ寝タリスル。寄リカカッテ立ッタリ、足ヲ止メテ足踏ミシタリ、ユックリ歩イタリスル。アルイハマタ詩歌ヲ吟《ギン》ジテ息ヲ大キクツイタリスル。コレラハ皆、導引デアル。

導引の効果

イ　食物（穀物）、飲物の消化を促す。

ロ　営・衛を調《ととの》える。

中医学では、飲食物には営・衛という地の精気が含まれている、と考えられている。営気は体の中にあり、血脈を巡って血液を活性化する働きがある。また経脈の中へ入って、栄養になる。衛気は体の表面にあり、皮膚を保護して外部から邪が入るのを防ぐ。毛孔の開閉にかかわり、汗の発散によって体温を調節する。また体内の臓器を温めて、働きを活発にする。

ハ　風邪《ふうじゃ》を取り除く。

ニ　気血の力を長びかせる。
ホ　病魔を退治する。
ヘ　重い病気を治す。

二　行気《こうき》

天地万物はすべて気から生じている。気が絶えたら死滅する。汚れた気を吐き出し、新しい気を吸い込む技（吐納）に、導引や按摩を加えた長生法。服気、食気ともいわれる。

まず邪念を払って精気を整え、気を和らげて行気に移る。五つの技がある。

軽――呼吸は軽く、少しずつする。

緩――気の出し入れはゆっくりする。

匀《いん》――一定のリズムを持たせ、大きくしたり小さくしたりしない。

長――間隔を長くする。気を鼻から引き込み、しばらく出さずにおいて、徐々に吐いてゆく。

深――息を止め、気を肺腑百脈に浸透させ、全身に行き渡らせて潤す。

戦国時代、荘周《そうしゅう》『荘子《そうじ》』外篇・刻意《こくい》に、長生きを目指して修煉している人は、吹呴呼吸、吐故納新、熊経鳥申（息ヲ吐イテハ吸イ、吐故納新ヲ行ナイナガラ、熊ノヨウニ立チ、鳥ノヨウニ首ヲ伸バス）と記されている。

また房中煉気に使われた行気の法が、男根を象徴する、中央に穴の通っている棒状の玉、「琮《そう》」

に刻まれて残っている。

精ガ飛ビ出シソウニナッタラ、止メテ行気ヲスル。気ヲ肺イッパイニ吸イ込ミ、意念デ下ヘ移シ、陰茎ニ精気ヲ集メル。充実シテキタラ、督脈ヲ通シテ脳ヘ上ゲル。

この「琮」は、戦国時代に方士が巫術の儀式で房中煉気の修煉をするために使ったといわれている。後の「還精補脳」は、この房中行気の法から起こったのだ。

三　吐納《とのう》

古人は「吐故納新」といっていた。

体内の汚れた気を口から吐き出し、きれいな空気を鼻からゆっくり吸い込む呼吸法。行気と違い、体は動かさない。吐納六気、口中甘香（六気ヲ吐納スルト、口ノ中ニ甘イ香リガスル）。六気にはいろいろ説があるが、晋の葛洪は『抱朴子』釈滞で「一日一夜ハ十二時デ、夜半カラ真昼マデノ六時ハ生気、真昼カラ夜半マデノ六時ハ死気ダ。六気トイウノハ夜半カラ真昼マデノ生気ノコトダ」といっている。吐納六気には、回春そして長生の効果があるといわれている。

呼吸法には、腹式呼吸、吸縮呼脹（逆呼吸）そして肛門式呼吸の三つがある。

イ　腹式呼吸

腹をふくらませてゆっくり息を吸い込み、へこませながら大きく吐き出す。要領は、蚕が繭《まゆ》をつむぐように静かにゆっくり呼吸する。

ロ　吸縮呼脹

イの順呼吸法と違い、吸うとき腹をへこませ、吐くときふくらます逆呼吸法。

ゆっくり腹をふくらませ、肺の汚れた気を吐き出す。通常の呼吸法と違い、力を入れて腹をへこませ、今度はとことん吸い込む。そして肩の力を抜き、腹をふくらませながら、ゆっくり吐き出す。二、三回繰り返すと要領が分かる。

吸うとき、舌先を上の歯茎につけて鼻から吸う。ここに任脈と督脈の先端があるから、これで両方の脈がつながる。吐くときは少しずつ体の力を抜き、舌先を下の口蓋に移す。

毎日、朝、昼、晩、一回行う。一週間ほどすると体が軽くなる。

ハ　肛門式呼吸

ゆっくり肛門をしめる。小便を途中で止めるときの要領だ。次に力を抜き、肛門をゆるめる。三分ほど繰り返す。尾骶骨の二、三センチ上に掌を軽くおくと、気が上下に移動するのが感じられる。

肛門をしめると陰茎が少し立ち、そのうちにしぼられるような感じがする。

肛門にも、任・督脈の先端がきているから、肛門の運動は両脈をつなぐ。また血液の循環がよくなり、痔の予防と治療にも役立つ。

さらに吸縮呼脹と肛門式呼吸をいっしょに行なうと、より効果がある。息を吸って腹をへこませながら、ゆっくり肛門をしめる。腹をふくらませ気を吐いて、じわっとゆるめる。

五分から十分、この呼吸運動をすると、冬でも体が温かくなる。こうして六カ月たつと、突然体に変化が現われる。体の中を電気が流れるような感じがして、熱くなる。任・督脈がつながり、気が回るようになるからだ。

四　存想と内視

目を閉じ精神を統一して、一定の対象に考えを集中する。漠然と瞑想(存想)するのではなく、対象があると雑念を取り除きやすい。無形の形である宇宙、荘厳な山、澄んだ湖、神仏の像、経文などを頭に浮べ、心の目で見る。

体の内景、臓腑、血肉、筋骨などを見るのを内視という。道教では人体に守り神がいると考えられている。五臓にはそれぞれ神が宿り、色も五つに分かれているといわれている。心神は丹元《たんげん》(赤)、肝神は龍煙《りゅうえん》(青)、肺神は皓華《こうか》(白)、腎神は玄冥《げんめい》(黒)、脾神は常在《じょうざい》(黄)だ。内視内観を続けていると、色の違いもはっきり見えるようになるという。

丹田存想の法はこうだ――座ッテ気ヲ静メ、呼吸ヲ整エル。舌ヲ上顎《アゴ》ニツケ、心ノ目ヲ注イデ丹田ヲ見ル。スグニ静寂ノ境地ニ入レル。

存想・内視には疾病を治す力がある。特に精神性病症に効果があるといわれている――気ガ損

中国四美人の一人・趙飛燕

ナワレルノハ妄想ニヨル。存想ガ効ク。どちらも三世紀、初期道教の修煉経典『黄庭経』の教えだ。

それから内視の法は、体内の気を操るときにも必要になる。

戦国時代、荘周は、その著『荘子』内篇・大宗師《だいそうし》でこういっている——真人ハ踵《カカト》デ息ヲシ、凡人ハ喉デ息ヲスル。内視の法を会得した真人の息は深い。気を体の末端まで導くことができるからだ。真人とは長生養生法を修得した仙人のことである。吸った気を、精神統一して心の目で見ながら、体のすみずみに導く。内視すると自然に目の玉も動く。目には見えない気を、同じ空質の心で透視するのだ。一種の自己催眠、瞑想である。

中国四大美人の一人、趙飛燕《ちょうひえん》は身が軽く、踊りが上手だった。前漢、成帝の目にとまり、後宮に入るようになる。しかし、彼女は処女ではなかった。隣に住んでいた羽林射鳥者《うりんしゃちょうしゃ》（弓ノ上手ナ近衛兵）と恋仲になったことがあったのだ。

そのことを知っていた遠縁にあたる女官、樊嬿《はんえい》は心配していた。ところが最初の夜をともにした成帝は、飛燕に夢中になってしまう。

不思議に思った樊嬿は、飛燕にそっと訊いた。

「鳥射ちの兵隊さんとできていたんじゃなかったの？」

「三日間、内視をしたので、肉が盛り上ったのです。帝はお強くて、切れてしまいましたわ」

これは、前漢、伶玄《れいげん》の『飛燕外伝』に伝えられている話だ。

清の末期まで残っていた纏足《てんそく》の目的の一つは、臀部と大腿の筋肉を鍛え、膣の収縮を高めるためだった。また、ハイヒールにも似た効果があるといわれているが、これは骨盤を湾曲させるから、子宮後屈になりやすい。その結果、流産をまねきかねないから注意がいる。肛門式呼吸による法だと、このような傷害は起こらない。

春秋時代の美しい妖婦、夏姫《かき》も内視の法を会得していたといわれている。これは、戦国時代、左丘明《さきゅうめい》が書き記した『春秋左氏伝《しゅんじゅうさしでん》』にある話だ。肛門式呼吸法に内視の法を結びつけた秘技である。

夏姫は、陳の国の大夫《たいふ》、夏御叔《かぎょしゅく》の妻だった。しかし、陳の霊公（前六一三—前五九九）など、夏姫と会った男たちは、みな妖しい魅力にとりつかれ、狂ってしまう。殺しあったり、巧妙に陥れたりして、夏姫を奪おうとした。

夏姫は十五歳のとき、夢のなかで天界のたくましい男から、吸精導気の法を習ったという。内視の法の原理を応用して、男の精気を膣から吸収する若返りの秘法だ。彼女は四十を過ぎても、十七、八の若い活力を持っていたと伝えられている。

呼吸法を修得し、体内の気を内視して自由に操れるようになったら、血液の循環はよくなり、内分泌ホルモンの働きが活発になるから、若さと美しさをいつまでも保てるのだ。

中国最古の医書『黄帝内経』（著者、成立年代不詳）上古天真論は、こう教えている——精神ヲ統一シテ、体ノ中ニ気ヲ集メタラ、病気ニナラナイ。

気が上半身に集まると、のぼせて顔がほてる。肩がこる。反対に下半身は気が空《から》になるから、腿、腰が冷える。気のめぐりが正常だと、健康である。不均衡になると気の病、病気になる。内視の法で気を全身にめぐらせたら、病の苦しみから逃れられる。

脚をくじいたら、気を脚に送る。手をねんざしたら、気を手に通すと痛みは軽くなり、回復も早い。中国伝統医学では、気を入れるといっている。内視の法で気を送り、気がとどこおっている所の通りをよくするのだ。手を患部にあてて気を送り、通す方法もある。

また存想（瞑想）と内視は、房中長生法にも応用されている。

六朝の道教養生学家、陶弘景《とうこうけい》（四五六―五三六）は、『養性延命録』の中で、『仙経』（道教仙術修煉の書）の言葉を引用してこう教えている。

深ク内ニ潜メテ精ヲ動カサナイ。コレガ男女ノ仙道ダ。臍ノ中ニ鶏ノ卵大ノ赤イ球ヲ存想スル。徐々ニ出シ入レサセルト、精ハ動イテモ退《サガ》ル。朝晩数十回、コレヲスルト寿命ガ延ビル。男女ハ息ニ意念ヲ入レテ吸イ合イ、一心ニ情念ヲ燃ヤス。

「男女ノ仙道」は房中長生法、そしてまた「徐々ニ出シ入レサセルト、精ハ動イテモ退ル」は、ゆっくり出し入れさせれば、いきそうになっても、精液は元にもどるという意味だ。

体（形）は不思議なものだ。目に見えない力が潜んでいる。その電気のようなエネルギー、気を、心の目で操れるようになったら、神通力が備わるようになる。見えない力を、同じように見えない念力で操れるようになるからだ。

内視の法という神通力が備わったら、病気の予防と回春に役立つ。そしてまた、内視の法には、自己催眠、無心状態がともなうから、精神が安定する。神経のいらいらを取り除くと、健康長生に結びつく。

毎日五分、内視の法の訓練を続けると、いらいらともやもやはなくなる。宗教に瞑想は欠かせない。道教が内視の法を重視するのは、このためだ。

会得して体で感じないと、奥秘《よさ》は分からない。会得して仙人の域に達することを炉火純青（炉ノ火ガ青ク澄ンデ燃エル）という。修煉を積んで、火が青く静かに燃える域にまで達したいものだ。

五　胎息

『抱朴子』のなかで葛洪は、「胎息ヲ会得シタラ、胎児ノヨウニ鼻ヤ口ヲ使ワズニ呼吸デキル」といっている。

昔の人は、胎児は母体につながっている臍の緒《お》で、母親といっしょに呼吸していると考えていた。呼吸法によって体内の精気の力を高める煉気の段階が進んでくると、精・気・神は一体となってしまう。鼻息はあるようでない状態になる。しかし奇経八脈が通じ、快適だ。気は煙雲がたちこめたようになって体中に広がり、皮膚、毛穴が呼吸する。鼻と口の呼吸が止まった状態、これが仙人の呼吸法だ。

胎息には、不老長寿の効果があるといわれている。

朝鮮人、金礼蒙《きんれいもう》が一四四五年に、中国の房中術の書を編纂した『医方類聚《いほうるいしゅう》』に、『彭祖経《ほうそきょう》』を引用した教えが出ている。

夜中ヲ過ギテ気ガ新シクナルトキ、唾ヲ何度モ咽《ノ》ミ込ム。女ノ唾、玉漿《ギョクショウ》モ一緒ニ飲ム。ソレカラ心ノ中デ数エナガラ気ヲ咽ム。耳ニ聞コエニクイカラ、数ヲ間違エル可能性ガアル。手モ使ッテ数エナガラ続ケ、千マデ達スルコトガ出来ルヨウニナッタラ、仙人ノ道モ遠クナイ。気ヲ閉ザシテ交接スル練習ヲスルトキ、鼻カラ気ヲタクサン吸イ、少シズツ吐キ出スヨウニスルト効果ガ出テクル。

これは房中胎息法である。

昔の方士や道士は、薬を使わず気を操るだけの養生法を性の交わりと組み合わせ、健康と長寿を保つ特殊な性技巧を生み出したのだ。健康であれば自然に快感が生じて子供が出来る。健康が何よりも大切なのだ！　快楽に耽《ふけ》って身を滅ぼした例は数多くあるが、明、笑笑生『金瓶梅詞話』の主人公、西門慶《せいもんけい》もその一人だ。作者は、因果応報、むちゃをすると命を落とすことを教えている。

内丹双修法

漢、晋の時代からあった道教の房中煉気長生術と、宋から明の時代にかけて新しく生まれた内丹煉養理論が結びつき体系づけられた房中長生術が、内丹双修法である。昔からあった呼吸法、つまり行気、吐納など道士の長生技法が基本になっている。後漢の道家、魏伯陽《ぎはくよう》の『周易参同契』に端を発し、明の洪基《こうき》の『摂生総要』などに受け継がれて詳しく紹介されている。

丹は仙人になる妙薬。内丹は、体にある内薬（元精・元気・元神）で丹を煉ること。双修は、男女二人で不老長生をめざして性の修煉をするということだ。

一　炉と鼎

炉も鼎も、道家の方士が丹を煉る道具である。しかし内丹長生家には、女を炉、男を鼎、あるいは心を炉、腎を鼎、そしてまた臍下丹田を炉、脳にある上丹田、泥丸を鼎で表わすいろいろな派がある。いずれにしても丹を煉る道具であるという考え方に変わりはない。内丹双修家の間でいう炉、鼎は、女性あるいは陰道《ちつ》のことだ。

内丹双修法では、炉、鼎、つまり性修煉の伴侶の選択が重視されている。

『摂生総要』種子秘剖・安置炉鼎《あんちろてい》篇は、こう説いている。

十五、六歳以上ノ陰人（女）ヲ選ブトイイ。眉ガキリットシテイテ、目ガキレイ。歯ガ白ク、唇ガ赤イ。顔ニ艶《ツヤ》ガアリ、肌ハキメガ細カク、シットリシテイル。声ハ明ルク、ハッキリシテイル。物ノ言イ方ハオダヤカデ、コダワリガナイ。コンナ女ハ良器ダ。元気ガナク、痩セテイテ肌ノ色モ悪イ。月経ガ不順。ソレカラ四十歳前後ニナッタ者モ用イテハナラナイ。

女の美醜は関係がない。若いほうが精気が強く、養生力が高い。ゆっくり時間をかけて交わると、精気をたくさん採れる。そして精気が最も多いのは、女がいくときに出す陰液だという。違った女がいいといわれるのは、同じ女だと免疫になり、精気の養生力が弱まってくると考えられているからだ。

二　薬物

体外の薬を使って丹を煉る外丹の場合、原料にされるのは、丹砂《たんしゃ》、鉛、水銀（汞《こう》）など天然の鉱物石薬である。これらの薬物を鼎に入れて炉で熱して煉る。丹は丹砂から出た言葉だといわれている。

しかし体の中で丹を煉る場合、鼎に薬がないと丹を煉ることはできない。そこで体内の目に見えない生命エネルギーを薬物にするのだ。元精・元気・元神の「三宝」である。

内丹双修法では、さらに女の津液《しんえき》、男の精液も薬にされる。津液は、しみでる液体という意味だ。唾、陰液、そして乳液も含まれる。津液は陽で外丹の原料の鉛、そして精液は陰で外丹の原料の水銀だと見なされている。鉛と水銀、つまり陽と陰を煉って丹にするのだ。

『摂生総要』種子秘剖・安置炉鼎篇にはこうある。

風ガ冷タクナイ、ノドカナ日ヲ選ンデ交ワル。呼吸ヲ整エ、不泄法《モラサナイ》デイドム。女ガ燃エテキタラ、舌ノ下ニ津《ツバ》ガタマリ、舌ガ冷タクナル。ソシテ陰液ガタクサン出テクル。コノ時、女ハ体内カラ薬ヲ出ス。

舌ヲキック吸イ、左手デ右脇腹ノ下ヲグット押ス。刺激サレテ、精気ガドット出テクル。女ノ気ヲ吸イ、液ヲ飲ム。マタ玉茎デ水ヲ吸イ上ゲルヨウニシテ、陰精ヲ吸イ込ム。コレガ極意ダ。

舌カラ採《ト》ルノヲ天池水、乳カラ採ルノヲ先天酒、玉門カラ採ルノヲ後天酒トイウ。唐末五代、道家デ気功ノ大師、崔希《サイキ》範《ハン》ハ「先天ノ気ト後天ノ気ヲ採ッタラ、酔ッタヨウニナル」ト言ッテイルガ、コレハ嘘デハナイ。

以上ノ方法デ三度採ル。モシ陰精ガ出ナカッタラ、興奮スルノヲ待ッテ舌ヲ吸イ、亀ヲ少シ抜イテ便ヲコラエルヨウニスルト、陰精ハヒトリデニ泄《モ》レテクル。

コレハ実ニウマイヤリ方デ、効果ガアル法ダ。コノ天ノ機密ヲ軽々シク人ニモラシテハナラナイ。慎ムベキダ。

脇腹を強く押さえるのは、次の「火候」の項に出てくる、女にある陰交と名づけられた三つの穴位《つぼ》の一つである脇腹、そしてさらに同じ穴位の一つ腎臓を刺激して、薬（女の陰精）が出るようにするのだ。

薬物が採れたら煉って丹にする。このとき必要になるのが「火候」である。

三　火候

火候の候は程度という意味。火かげんということだ。丹を煉るときに必要な技法、存思、内視（体の内側を見つめる）、そして気功（呼吸法）を分かりやすくまとめて「火候」といっているのだ。

体にある内薬を煉って不老長生の丹薬を作るとき、まず意念（存思）を臍下丹田に凝らし、そこに蔵されている元精の働きを活発にさせる。心の目で見ながら（内視）呼吸法を使って動かし、督脈を通して上昇させて頭の上丹田（泥丸）へ運ぶ。さらに任脈を通して下降させ、いったん胸の中丹田へ運んでから最初の臍下丹田に戻す。

これが内薬、元精を体内に周らせて丹を作るということ、通称「煉る」といわれている過程だ。この「小周天」の技を何度も繰り返えし、元精をよく煉って純度を高め、気化させて元気にする。

不老長生の丹薬を作る最初の段階「煉精化気」である。

臍下丹田にある内薬を督脈から任脈へ運んで周らせるとき、進退、緩急そして升降など、「火かげん」を調節しなければならない。動きに変化が生じてくるのだ。早く動かす（ぐつぐつ煮る）ときは、存思・内視・呼吸の力を高めて「強火」にする。ゆっくり動かす（煎じる）ときは、三者の力を弱めて「とろ火」にする。また、女から薬を採るときは「強火」でないとだめだといわれている。

火かげんを間違えると、おいしい料理はできない。丹を煉るときも同じである。薬物を丹にして体内を周らせることができたら、不老長寿になれる。

内丹双修法で重視される、女から精気を採って丹にする「還精採気」も、「小周天」を応用した煉丹法の一つだ。

『摂生総要』種子秘剖・還精採気篇はいう。


還精採気トハドウイウ事カ？

出シ入レハ千数百回マデスル。女ニハ陰交三穴ガアル。乳房、脇腹、腎臓ガノウダ。出シ入レヲ続ケテイルト、女ハ声ヲ乱シ表情ガ変ワッテクル。目ハウツロニナリ、唇ヲ噛ミ締メル。手ガ冷タクナル。取リ乱シ始メタラ、下半身ヲグッと縮メテ亀ノヨウニ蹲《ウズクマ》リ、牝ノ津液ヲ霊柯（陰茎）デ吸イ上ゲル。コレヲ飲海黒龍収（海ノ水ヲ飲ンデ黒龍ニ収メル）トイウ。

元陽（腎に蔵された元精）ト混ゼ合ワセテ一ツニスル。尾閭《ビロ》カラ脊椎《セキツイ》ヲ通シテ泥丸宮（脳にある上丹田）ニ上ゲ、今度ハ下ロシテ臍下丹田ニ入レテ真気（先天の気）ヲ養ウ。大イニ役ニ立ツ。

洪基は同じ『摂生総要』種子秘剖で、内丹双修法の一つ「子午流通訣」を説いている。これは「小周天」を応用した「還精補脳」の法だ。

修煉ヲ積ミ、泄《モ》ラサズニ続ケラレルヨウニナッタラ、黄河逆流ノ法デイドムヨウニスル。

交ワルトキハ、マズ子午《シゴ》（小周天）ノ法デ気ヲ十回、体内ニ周《メグ》ラセ、気脈ノ流レヲヨクシテカラ炉（女陰）ニ入レル。九浅一深ノ法デ行ナイ、出シ入レニ緩急ヲツケナガラ、腰ヲ縮メルヨウニシテ気ヲ閉ザシ、出サナイヨウニスル。

舌ヲマルメテ上顎ニツケ、目ヲ上ニ向ケル。手ヲ釣針ノヨウニ曲ゲル。何度モ気ヲ咽《ノ》ミ込ムヨウニシテ、精気ヲ飛ビ出サナイヨウニスル。心ヲ静メルト自然ニ泄《モ》レナクナル。モシ気ガ泄レソウニナッタラ、耳ヲ掩《オオ》イ気ヲ閉ザス（精を蔵している腎は、耳に孔《くだ》が通っていると考えられている）。精気ヲ存想（瞑想）ノ法デ脊椎ニ沿ッタ督脈ヲ通シテ後頭部カラ頂門（頭のてっぺん）ニ上ゲル。ソシテ四肢百脈ニ注グ。数回泄ラサズニヤレタラ、強クナル。

黄河は脊椎に沿った督脈のことだ。飛び出そうとする精気を存想と内視と呼吸の法を使って止め、督脈を通して逆に脳へ引き上げる。これが黄河逆流の法だ。還丹、また牽転白牛（白牛ヲ引キ戻ス）の法ともいわれている。丹と白牛は不老長生の薬になる精気のことだ。房中内丹双修法で重視される「還精補脳」の奥義である。

性を手段にした道教、内丹双修派の房中長生法は、実に難解だ。形交神不交（体ハ交ワッテモ、心ハ交ワラナイ）、情念を抑えないと丹を煉る薬（女の精気）は採れない。仙人になるためには、神（心）の修養が必要になる。精・気・神の中で神が最も重要視されているのはこのためだ。道士のなかでも、この道を会得できる者は、万不成一（万人ニ一人イルカイナイカ）だといわれている。

内丹双修法は、幻術まがいの訳の分からない道教の房中長生法だといってしまえばそれまでだが、体の目にみえない部分である心（神）の修行を対象にしている宗教には、みな似たところがある。一概に馬鹿にできない。問題は信じるか信じないかにあるのだ。

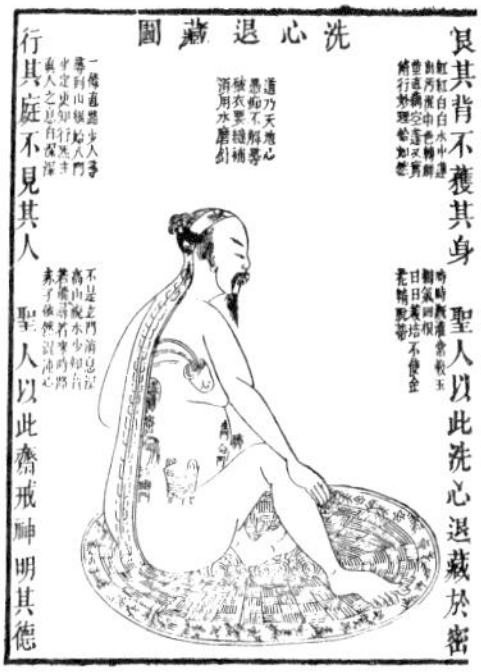

黄河逆流を表わす図

水火之臓

房中長生家の体内観は、中国の伝統医学に基づいている。しかし、生命エネルギーでは先天の精・気・神の三宝を、経絡では奇経八脈の督・任脈を重視するなど、医家とは異なった考え方をしているところがある。「水火之臓」理論もその一つだ。

道教房中養生学では、陰を水、陽を火で表わしている。「水火之臓」というのは、大切な生命エネルギー、精気の平衡を保つ役目をする陰陽のエネルギー（気）を出している腎臓のことだ。戦国、扁鵲《へんじやく》撰、宋、李駉《りか》注『雑経』（古医書の注釈本）にはこう記されている。

腎ニハ二ツノ臓器ガアル。左ハ腎、右ハ命門ダ。命門ニハ精ト神ガ宿ッテイル。男ノ命門ハ精ヲ蔵シ、女ノ命門ハ子宮ニツナガッテイル。マタ命門ノ気ハ腎ニ通ジテイル。腎ハマタ水ニ属ス陰ヲ宿シ、命門ハ火ニ属ス陽ヲ宿シテイル。

二つある腎臓のうち、右の腎臓は命門だと考えられている。命の根源にかかわる重要な働きをする臓器だからだ。左の腎には陰（水）が宿り、陰エネルギーを出している。腎陰は、腎水、真陰、元陰ともいわれる。人体にある水液（陰液）の源泉だ。陰液は五臓六腑を潤し、百脈の中を流れて養分になる。また九竅《あな》（目・耳・口・鼻・陰部・肛門）から津液となって出る。津はわき出してくるという意味だ。情欲に刺激されると男の精液、女の陰液になる。

右の腎、命門には陽（火）が宿り、陽エネルギーを出している。腎陽は、元陽、真火、命門の火ともいわれる。腎陽（火）は腎陰（水）の原動力であり、また生命活動の源泉でもあるのだ。人の寿命は命門の働きによって左右されるといわれている。

腎に蔵されている元精（陰）は、命門の火（陽）の働きで純度が高められて元気に化《か》わり、体内の器官の活動をうながす。また元精は生殖の働きをする精液にもなるのだ。元精をしっかり蔵しておけるかどうかは、命門の陽火の力による。陽火が弱まると陰水の力が強まり、元精はもれてなくなる。また女の命門は子宮につながり、その機能を左右するといわれている。

このように腎（陰）と命門（陽）は相互関係にあり、水と火の平衡を司っているのだ。陰が弱まると陽はたかぶる。ひどくなると火は走って病気を起こす。反対に陽が弱まると、性機能に障害が生ずる。

水と火の平衡が崩れないように、煉養を行なう。飲食物や薬物で腎の陰と命門の陽を強める。導引や按摩で腎と命門を温める。意念で気を導いて命門の火を強め、元精を気化させる。また内丹双修法を使い、女の陽火（精気）で腎陰を温めて働きを活発にする。

腎から陰部に通じている孔がある。腎気が伝わると陰茎は勃起し、女陰は濡れる。腎が衰えると、男は陽痿《インポ》、女は冷感になる。

命門の陽の働きで元精は、水が火に温められて蒸気になるように気化して元気になり、臍下丹田に蓄えられる。意念を臍下丹田に集め、心と腎を交感させて精を煉ると、腎気は盛んになる（第三章、第二節「合与不合」の「協期」の項を参照）。太極拳など気功導引をしていると、腎陰が活発になって唾が出る。勃起することもある。一陽初動といわれる現象だ。このときの唾は金液、甘露、神水などと呼ばれる貴重な薬だ。ゆっくり飲むといい。煉気によって、陰痿、早漏を治すことも可能だ。腎気が益すと精力が充実し、頭の働きがよくなる。また筋骨がしっかりして、体の動きが敏速になるといわれている。

腎にはもう一つユニークな働きがある。道教養生長生学では、腎は骨とつながり、脳とも密接な関係があると考えられているのだ。

骨の芯にある髄は骨から出来たもので、その養分は腎精から生ずる精気だと考えられている。頭蓋骨の中にある脳も、髄で形成されている。髄海と呼ばれ、考えたり感じたりする心の働き、神の源である。また元神（第六感・潜在意識・阿頼耶識《あらやしき》・霊魂）の府とも呼ばれ、脳の泥丸（上丹田）には元神も宿っている。

内丹双修家は、精液を出さず、女の陽火（精気）を採って混ぜ、精気に化《か》えて「小周天」と同じ要領で脳に引き上げ、養分にして不老長生をはかる。いわゆる還精補脳の法である。

中国では大昔から脳と性は密接な関係にあると考えられていた。脳髄の栄養源は、腎の精気（性エネルギー）だと見なされ、研究されていたのだ。

生理学者の大島清氏が、『人生を生きる性脳学』（講談社、一九九五年）を出してから、「セックスは頭でするもの」という言葉が広く使われるようになった。

大島清氏はこう書いている――性は脳なり。つまり脳が性をアレンジし、脳が性を演出し、脳が性を楽しむ。性的関係というのは、実をいえば「脳的関係」なのである。

このことは、進化した人類だけにある大脳新皮質と関係があるという。

「性脳学」は、脳の養分は腎精だと見なす房中長生法の理論とも共通したところがある。というより、「三宝」を科学的に分析しようとする試みだともいえるのではないだろうか。

人体の目に見えない生命エネルギー、精・気・神の理論は難解だ。しかし概略は頭に入れておかないと房中長生法は分からない。そしてまた精・気・神論に基づいた、精を止めて洩らさず、女から陽火（精気）を採って督・任脈を循環させ（坎離交媾）、煉って丹にし脳髄の養分にする（環精補脳）内丹双修派の房中長生法は、この腎は精を蔵した「水火之臓」だという理論とも深い関係にあるのだ。

そしてまた房中長生家にもいくつかの派があり、専門用語も意味が異なり複雑だ。とっつきにくく、面白くないところもある。しかし、房中長生法の実践に理論はおろそかにできない。

この章では、天人合一観から始まり、陰陽・五行学説、導引・吐納など気功の技、存想、内視の心の技、経絡・臓腑学説、そして内丹双修法など、房中長生法に欠かせない理論のさわりを紹介しておいた。これらの理論は、体に心（神）があることを忘れがちな近代科学の盲点を突いているともいえる。

第三章　性技巧とその方法

一　身心和合

和志

性の交わりは身心の交わりである。体だけでなく心も一つにならないと、体にもよくない。また真の快楽も得られない。「和志」は思いを一つにするということ。語り合い、抱き合って思いが一つになるようにする前戯である。俗称は調情《ティアオチン》（情ヲ調エル）という。

『易経』繋辞上伝《けいじじょう》（撰者、成立年代不詳）は、「易ニ太極ガアリ、太極カラ二儀（陰陽）ガ生ジタ」といっている。易の考えに基づくと、万物の根源は気で、陰陽の二気がある。易は日（陽）と月（陰）が重なった象形文字だ。この陰陽の二気は人体にも流れていると考えられている。

これから派生して、陰陽といえば女と男、そしてまたその性器を指す場合もある。古代房中文献では、陰は男女の性器を表わす言葉として使われていた。しかし、唐代以降だんだん陽が男、陰が女の性器として区別されるようになった。

『漢書』芸文志に百八十六巻あったと記されている房中八家の書のなかの六冊には「陰道」という題がつけられている。これは「陰陽之道」ということだ。陰と陽の気が一つになる交接法である。

『玄女経』はこう教えている。

黄帝ガ尋ネタ。

「交接ノ時、女ガソノ気ニナラズ燃エナカッタラ、液ハ出ナイ。玉茎ハ奮イ立タズ、小サイママデ勢イガナイ。ドウシテダ？」

玄女ガ答エタ。

「陰陽ハ反応シ合ウモノデス。陰モ陽ヲ得ナイト楽シクナイ。陽モ陰ヲ得ナイト立チマセン。男ガ交ワロウトシテモ、女ハ楽シクナイ。女ガシタクテモ、男ハソノ気ニナリマセン。コレデハ二ツノ心ハ一ツニナラズ、精気ノ交流ハ生ジマセン。ソノママ一方的ニシテモ、愛ト悦《コロコ》ビハ伝ワラナイ。男モ女ヲ求メ、女モ男ヲ求メ、情意ガ溶ケ合ウト心ニ悦ビガ生ジマス。女ハ燃エ、男ハ玉茎ガ立チマス。兪鼠《ユソ》（陰核）ニフレ、潤イガ出タラ玉茎ヲ入レ、緩急ヲツケテ動カス。玉戸ハ開イタリ閉ジタリシマスガ、虚実ヲ交エテ巧ミニ出シ入レヲシテ、疲レナイヨウニンテクダサイ。女ハ強クテモ、羽目ヲ外シテ夢中ニナリマス。ソノトキ朱室《チツ》ニ溢レ出ル精気ヲ吸引スルノデス。八事ノ法ヲオ教エシマショウ。コノ中ニスベテガアリマス。ソレハ伸縮、俯仰、前《スス》却《ムシリゾク》、屈折《マゲルオル》ノ要領ナノデス。コノ法ヲバカニナサラズ、ヨクゴ研究ナサッテ間違ワナイヨウニ行ナウコトデス。

玄女が教えているのは、性の交わりではいかに心が大切かということだ。心が一つにならなかったら、精気は交流せず陰陽の気は反応しない。これだと体に障害が生じるようになる。自然の法である「陰陽」にはずれているからだ。

それでは、「陰陽之道」に基づいた交接はどうしたらいいのかという黄帝の問いに、素女はこう答えている。『素女経』の教えだ。

交接ノ道ニハ、定マッタ方法ガアリマス。

交接ハ男ヲ衰エナクシ、女ノ百病ヲ取リ除キマス。スッキリシテ、元気ガ出ル。道ヲ知ラナイト、徐徐ニ衰エテユク。道ヲ知ラナイトダメデス。

静カニ愛撫(和志)ヲシテイルト、精神《ココロ》ガツナガッテ一ツニナッテキマス。寒クテモ暑クテモ、マタ食ベスギモ空腹モヨクアリマセン。体ト心ノ条件ガ整ッタラ割ッテ入リ、焦ラズニ奥マデ入レテユックリ動カシマス。出シ入レハ間ヲオイテスルトイイ。コレガ方法デス。

間違ワナイヨウ慎重ニスルコトデス。女ガイケバ、男ハ衰エナクナリマス。

また『玉房指要』で、古代房中家、彭祖《ほうそ》はこう説いている。

交接ノ道ハ、別ニ変ワッタ法デハナイ。肝腎ナノハ、タダ落チ着イテ徐徐ニ進メルコトダ。「以和為貴」デアル。丹田（下腹）ヲ撫デサスリ、実（陰核）ニフレ、奥マデ入レテ押シツケ、軽ク揺スッテ、女ニ気ヲ出サセル。

陽ニ触レルト、女ニ微妙ナ変化ガ生ジル。酒ヲ飲ンダヨウニ耳ガ赤クナル。乳ガフクレテ、握ルト掌一杯ニナル。頸ヲシキリニ動カシ、脚ヲ震ワセ、男ニシガミツク。

コノトキ体ヲ縮メテ少シ抜クト、陰気ヲモラエル。女ハ消耗スル。

マタ五臓ノ液ハ、舌ニ集マッテイル。仙人、赤松子《セキショウシ》ガ、コレヲ飲メバ穀物ハ摂ラナクテモイイトイッテイル玉漿《タマノエキ》ダ。コノ舌カラ出ル唾液ヲタクサン飲ムト、煎ジ薬ヲ服用シタヨウニ、胃ガスッキリスル。消渇《ショウカチ》（喉の渇き）ハタチドコロニヨクナリ、ノボセモオサマル。肌ニモヨク、処女ノヨウナ艶《ツヤ》ガデル。

道ハ足下ニアルノニ、凡人ハ知ラナイダケダ。仙女、采女《サイジョ》ハコウ言ッテイル。

「情欲ニ逆ラワズニ長生キ出来ル。コレモマタ楽シイデハアリマセンカ」

『天下至道談』はこう教えている。

ソット、ユックリ長ク、終ワッタカト思ウトマタ続クヨウニスルトイイ。

『合陰陽』も「陰陽之道」に基づく戯道（愛撫）の法として「徐噓・徐抱・徐操・徐撼」の重要性を説いている。徐は「じょじょに」、噓は「気（息）を吸い合うことも含めた接吻」、操は「あやつる」、撼は「震わせる」という意味だ。

『洞玄子』はこう教えている。

男ハ左、女ハ右ニ座ル。男ハ胡座《アグラ》ヲカイテ女ヲ抱ク。細イ腰ヲグッと引キ寄セル。体ヲ撫デナガラ、顔ガキレイトホメタリシテ、甘イ言葉ヲ囁《ササヤ》ク。情ガシダイニ移リ、心ハ一ツニナッテクル。抱イタリ締メタリシテ、タガイニ体ヲ押シツケ、口ヲ吸ウ。男ハ女ノ下唇ヲ、女ハ男ノ上唇ヲ口ニ含ム。シバラク吸イアッテ、女ノ唾液ヲ飲ンダリ、軽ク舌ヤ唇ヲ嚙ンダリスル。マタ頭ヲ引キ寄セタリ、耳ヲツマンダリスル。ソシテ、アチコチヲ撫デタリ、叩イタリシナガラ、口ヲ吸ッタリ、舌ヲ嚙ンダリシテイルト、女ハ抑エガキカナクナリ、ダンダン羽目ヲ外シテクル。

ソコデ女ノ左手ニ玉茎ヲ握ラセ、男ハ右手デ玉門ニサワル。男ガ陰気ヲ感ジルト、玉茎ハ脈打ツ。グイト頭ヲ持チ上ゲタ姿ハ、ハルカ上空ニ天ノ河ヲ望ンデ聳エ立ツ孤峰ノヨウダ。女ガ陽気ヲ感ジルト、丹穴ガ潤ッテクル。奥深イ谷間ニ湧キ出シテイル泉ノヨウダ。

コレハ陰陽ガ一ツニナルト、自然ニソウナルノデ、人ノ力デ起コセル現象デハナイ。コウナレバ、交ワッテヨイ。モシ男ガ立タズ、女ガ濡レナカッタラ、内ニ病ガアルカラダ。

聖徳太子の憲法十七条の第一条は、「以和為貴、無忤為宗（和ガ大切。逆ラワナイコトヲ宗《ムネ》トスル）」である。国を治めるにも、男女の交わりにも、和が大切なのだ。心が結ばれないと和は生まれないからだ。まさに「和志」「以和為貴」である。

戯道

戯道をせず、片手間に終わらせることを「暴進暴退」という。「暴」は「急に手荒く」という意味だ。

陶弘景

『養生方』はこう諭している。「暴進暴退」を長く続けていると、陰陽、そしてまた精気のバランスが崩れ、男も女も体を傷める元になる。

性の交わりの方法を知らず、充分興奮していないうちに、急いで終わらせてしまうことを「暴上卒下」という。「卒」は「にわかに」という意味だ。六朝・梁《りょう》の陶弘景の『養性延命録』は、「暴上卒下」が続くと陰陽の平衡が崩れ、男は陰痿《インポ》や早漏、女は冷え症になると注意している。『玉房指要』もこう教えている——刺激がたりなくて、充分興奮していないのに乗りかかり、そそくさと終えてしまう。女が冷感症になる主な原因は、「暴上卒下」にあるのだ。これは「卒暴施瀉」ともいわれる。「施瀉」は「射精する」ということだ。

後で説明する女の燃えぐあい、九気、五至などを無視して「暴上卒下」をすると、砂を噛むような思いが残るだけでなく、生殖泌尿器系その他の器官に障害が生じるようになる。中国の房中長生術の書が、興奮の度合をたしかめる必要性を強調している理由は、ここにあるのだ。無知がもたらす障害は大きい。体だけでなく、心も含めてさまざまな疾患が生じるようになってくる。『合陰陽』は、ていねいに戯道を教えている。

手ヲ握リ、手首ノ陽谷穴《ヨウコクツボ》カラ始メ、腕、肘、腋ノ下ヘト揉《モ》ンデユク。更ニ肩カラ首筋、ソシテ唇ノ下ノ承漿穴《シヨウジヨウ》、ソレカラ目ノ横ヲ通ッテ前頭部ノ承光穴《ジヨウコウ》ヲ指圧スル。モウ一度承漿穴ヘ戻シ、同ジコトヲ繰リ返ス。

今度ハ肩ノ下ノ缺盆穴《ケツボン》ヘ移シ、乳暈ヲ撫デ、臍下ノ気海穴《キカイ》ヲ指圧シ、更ニ下ヘ進メテ恥丘《ホガミ》ヲ軽ク圧《オ》ス。シバラクシテカラ玄門《インモン》ニ指ヲ入レタリ、交筋ヲサワッタリスル。

コウシテ精ト神ヲ一ツニシテ頭ニ導クト長生キ出来テ、天地トイツマデモ共存デキルヨウニナル。尚、交筋トイウノハ、玄門ノ交筋（陰核）ノコトダ。

以上ノ方法デ、揉ンダリ、圧シタリ、撫デタリシテイルト気持ガヨクナッテクル。シタクナッテモ辛抱シ、相手ノ息（気）ヲ吸ッテ抱キ合イ、戯道ヲ進メル。

戯道

一　女ノ顔ガホテッテクル。軽ク鼻ヲ寄セテ息ヲユックリ吸イ接吻スル。

二　乳ガ堅クナリ、鼻ニ汗ガニジム。オモムロニ抱ク。

三　舌ガ伸ビテ、ツルツルシテクル。焦ラズ、念ヲ入レテ続ケル。

四　陰液ガ出テヌレテクル。ユックリサワル。

五　唾ヲ呑ミ込ムヨウニナル。ダンダン指ノ動キヲ強メル。

以上ヲ五欲ノ徴《キザシ》トイウ。

徴ガ全部現ワレタトコロデ乗リカカリ、軽ク突イテ、気ガ充実スルノヲ待ツ。気ガ満チタラ奥マデ入レ、グイト抜ク。ハヤル気持ヲ抑エ、マタ突キカケル。気ヲ漏ラシテハノラナイ。女ガ高マッテクルノヲ待ツ。

十動、十節、十修ノ技ヲ使イ、女ノ八動ヲ見極メ、五音ト十巳ノ変化ヲ確カメル。コノ方法ニ基ヅイテ、イカズニ出シ入レヲ続ケルト、気ハ玉門ニ伝ワル。

女の息（気）を吸うのは弱った気を補うため。また気（精気・精液）を漏らさないのは、健康長寿の源である精エネルギーを保存して養分にするためだ。

十節は、この章の「体位」の節、十動、十修、十已は「出し入れの法」の節で説明する。

八動は八観ともいい、性の交わりの最中に女がみせる異なった仕草や体の動きから興奮の度合いと要望を判断する方法だ。『天下至道談』と『養生方』にも出ているが、表現に少し違いがある。ここでは、『合陰陽』の八動をさらにくわしくした『玉房秘訣』に出ている素女の教えの十動を紹介しておく。

この十動は、後の第四節「出し入れの法」で説明する『合陰陽』の十動（接して洩らさずの法）とは違う。女の異なった動きを見て対処せよという素女の教えだ。男は女の動きをよく見極め、的確に対処する必要がある。

十動

一　抱キックノハ、体ヲ寄セテ股ヲクッツケタイカラダ。
二　腿《モモ》ヲピント張ルノハ、上ノ方ヲコスリツケタイカラダ。
三　腹ヲ脹《ハ》ルノハ、液ヲ洩《モ》ラシタイカラダ。
四　尻ヲ動カスノハ、ヨクナッテキタカラダ。
五　足ヲ上ゲテ絡ミツケルノハ、深ク入レタイカラダ。
六　股ヲスボメルノハ、中ガムズムズシテタマラナイカラダ。
七　腰ヲ横ニ揺スルノハ、左右ヲキック突イテモライタイカラダ。

八　体ヲ浮カスノハ、ヨクテタマラナイカラダ。
九　体ヲ伸バスノハ、頭カラ足ノ先マデ快感ガ走ルカラダ。
十　陰液デツルツル滑ルホドヌレテキタラ、精ヲモラシタノダ。
　以上ノ反応ヲ見タラ、女ノ快感ガ分カル。

　五音は、たかまりによって変化する女の息と声。五声ともいう。俗称は叫床《チイノオイウアン》、浪叫《ランチイアオ》、よがり声だ。『十問』、『天下至道談』、『養生方』も五音に触れているが、『合陰陽』の教えと大差はない。

五音

一　制息《せいそく》（息ヲ止メル。口ヲ開ケテ息ヲスル）――燃エテキタ。
二　喘息《たんそく》（荒イ息）――ヨクナッテキタ。
三　累哀《るいあい》（思ワズモラス声ト溜メ息）――中ガムズムズスル。
　〈註〉累はしきりに。哀はせつない。
四　吙《くわ》（深イ溜メ息トヨガリ声）――ヨクテタマラナイ。
五　齧《げつ》（男ノ体ヲ齧《カ》ンダリ、口ヲ吸ッタリスル）――体ヲ震ワス。

『十問』で王期は食陰翕気《きゆうき》之道（陰ヲ摂ッテ気ヲ活発ニスル法）を教えている。

> 五音ニ合ワセテコトヲ進メル。女ノ息ヲ吸ッテ、天ノ精気（神霧）ヲ引キ入レル。マタ女ノ舌ノ下に溜マル津液《シンエキ》（天漿）ヲ飲ミ、五臓ニ導気運行シテ精気ヲ蓄エル。

女が興奮したときに出す唾は天漿（天の液）といわれ、精気を含んでいて不老長寿の仙薬になると考えられている。

また房中長生家は、こう説いている――女が「五音」まで達してから射精するといい。気が衰えて虚ろになっている者は気が充実し、元気のある者は気を保っておられる。また年を取っている者は長生きできる。

この「五音」と「八動」をまとめて、『天下至道談』はこう教えている。

> 五音ヲヨク観察シタラ、女ノ心ガ分カル。八動ヲヨク観察シタラ、ドノヨウニシテモライタイノカガ分カル。

〈八動〉詳しくした十動を前に紹介しておいた。

中国の春本だと声は、「噯唷《アイヨオ》」、「喔唷《オヨオ》」、「噯呀《アイヤア》」、「噯喲《アイヨオ》」など、よく似た音の字が当ててある。

息は、「哼哼《ホオンホオン》、吁吁《シユイシユイ》」、「哼吁《ホオンシユイ》、哼吁《ホオンシユイ》」、「呼写《フウシイエ》、呼写《フウシイエ》」などである。

それでは女の絶頂感とはどんなものなのか、面白い記録があるので紹介しておく。

一　浮上――雲の上に乗っているようにふわっとする。
二　落下――水の底とか土の奥深い所とかに、ぐうんと引き込まれそうになる。
三　縮小――だんだん小さくなっていく。赤ん坊みたいになって、何を言ってもみな幼児語のようになる。また口走ったことを覚えていない。
四　溶ける――気体、あるいは液体になって溶けていくような感覚。
五　捩《よじ》れる――雑巾を絞るように絞られる感覚。
六　巨大――だんだん体がふくらんでゆく。
七　恐怖――どうなるのか分からなくなってしまうようで恐い。

そして最後に、何も感じない無感覚型の女もいる。

大島清氏は『人生を生ききる性脳学』でこう指摘している。

男のオーガズムはサルと同じようなもので、大昔からほとんど進化していない。ヒストン運動を繰り返して射精すれば、それで十分満足する。女性のオーガズムは進化してさている。いまなお進化の最中にあるといってよい。しかも個人差が激しく、男のように一様ではない。

反応を見分ける法

昔の中国の房中長生家は女の性反応の観察と研究を、心理と生理面から実に詳細に行なっている。表情、息使い、声、動き、さらには匂いまで、中医学に基づいて分析されている。夫婦の性生活、あるいは房中内丹双修にとっても、相手の反応を把握しておくのは大切だからだ。反応を見ながら時機をはずさず適切に進めて満足させる。身心は充実し、子供もできて家も栄え健康長寿になれる。ただ単に情欲にかられ、「戯道（愛撫）」もせず一方的な「暴進暴退」だと健康は害され、早死にすることもある。陰陽の気が交流しなくなって平衡が崩れると寿命は短くなる。つまり自然の法に基づいた「交接之道」にはずれているからだ。

性の交わりは快楽を得るためだけのものではない。不老長生を目指した養生の法である。そのために房中長生家はさまざま観察と研究をしてきたのだ。

『玉房秘訣』で「女ノ快感ハ何デ分カルカ」と言う黄帝の問いに、素女は「五徴、五欲、ソシテ十動ガアル。変化ヲ見タラ分カル」と答えている。「徴」は、きざしだ。女の興奮の度合である五徴に合わせて房中長生の法で進めるといいと教えている。男は大切な精気を漏らさず、女の精気を採るのだ。

五徴

一　顔ガホテッタラ、ユックリアテガウ。

二　乳首ガ堅クナリ、鼻ニ汗ガニジンダラ、ユックリ入レル。
三　喉ガ渇イテ唾ヲ飲ミ込ムヨウニナッタラ、ユックリ出シ入レヲ始メル。
四　陰液ガ出テキタラ、徐徐ニ深ク入レル。
五　液ガソトニ流レタラ徐徐ニ抜ク。
〈男は射精せずに抜くから徐徐なのだ〉

最高潮に達するまでに付随する五つの情欲が五欲である。目には見えない欲に、女がどのように反応するか、素女は『素女経』のなかで、黄帝にこう説いている。

五欲
一　意欲――シタクナッタラ、息ヲコロス。
二　陰欲――ホシクナッタラ、息ガ荒クナリ鼻ノ孔ガ広ガリ、口ガ開ク。
三　精欲――タマラナクナッテキタラ、体ヲヨジッテ男ニ抱キック。
四　心欲――心ガ燃エテキタラ、肌ニ汗ガニジンデ、着テイル物ガシメル。
五　快欲――イクトキハ、目ヲ閉ジテ体ヲ弓ナリニスル。

「十動」は一つ前の「戯道」の項で説明した。

昔の仙女、玄女は『玄女経』で、女と男の興奮の度合を陰陽五行に基づいた気の思想と結びつけて説いている。九気と四至だ。

九気を見分ける法。

九気

一　深ク息ヲシテ唾ヲ飲ムノハ、肺気ガキタカラダ。

二　声ヲモラシテ男ノ口ヲ吸ウノハ、心気ガキタカラダ。

三　抱キツイテ離レナイノハ、脾気ガキタカラダ。

四　玉門ガ潤ウノハ、腎気ガキタカラダ。

五　心ヲ込メテ噛ムノハ、骨気ガキタカラダ。

六　足ヲ絡ミツケルノハ、筋気ガキタカラダ。

七　男ノ物ヲサワルノハ、血気ガキタカラダ。

八　男ノ乳ヲイジルノハ、肉気ガキタカラダ。

九　ユックリ交ワリ、谷実ニアタルヨウニスルト、気ハ一ツニナリ九気ガクル。

気ハ皆コナイト体ニ悪イ。気ガコナカッタラ、ソノ数ノ法デ治ストイイ。

例えば、もし女に肉気がこなかったら、第八気に当たるから乳をさわらせるといいということだ。

また第九気では、原文に「肝気来至（肝気ガクル）」が脱けているという説もあるが、ここでは一から八までの気が一つになったものが九気（真気）だと解釈しておく。

玄女の九気は興奮の程度を身体全体の変化で見分ける法である。男と女の興奮は、性器だけで起こる現象ではない。天の気と関係があるのだ。

人体にも森羅万象を構成している五行（木・火・土・金・水）の気が流れている。五行の配当表に分類されているように、鼻と気と肺気には同じ金の気がある（第二章の「五行とは何か」の項を参照）。鼻（金）から吸い込む気（金）と肺気（金）が一つになるから、エネルギーが高まって深く息をするのだ。同じように舌（火）と心気（火）が一つになるから口を吸う。心から舌へ竅《きょう》（細い孔）も通っている。筋肉（土）と脾気（土）が一つになるから抱きつく。陰水は胃（水）の精が液化した物である。それで腎気（水）がきているのだ。これも同じように気が高まった現象である。「天人合一」、人体は小宇宙なのだ。男は興奮すると玉茎が立つが、それにも段階があり、興奮の度合が分かる。これが四至だ、と玄女は教えている。

四至

一　玉茎ガ立（怒）タナイノハ、和気ガ来テイナイカラダ。

二　立ッテモ大キクナラナイノハ、肌気《キキ》ガ来テイナイカラダ。

三　大キクナッテモ堅クナラナイノハ、骨気ガ来テイナイカラダ。
四　堅クナッテモ熱クナラナイノハ、神気ガ来テイナイカラダ。
立ツノハ精気ガ集マッタ証拠ダ。大キクナッタラ精ハ関ニ、堅クナッタラ戸ニ、熱クナッタラ門ニ来テイル。

四ツノ気ガ来タラ、陰陽交合ノ道ニ基ヅキ、精気ヲ抑エテ交媾ヲ行ナウ。スギテハイケナイ。ヤタラニ洩ラシテハナラナイ。


和気は男女の陽陰が反応して、情（気）が通うことだ。神気は最も大切な心の気である。興奮すると気と血が肌、骨髄、経絡《けいらく》に流れ込み、玉茎は充血して立つ。しかし、精気が少ないと、しゃんとしない。それでも無理に交わると疾患が生じ、寿命に影響する。怒・大・堅・熱という四つの反応は流れこむ気と血の多少で起こり、精気活動の現われだと考えられたのだ。

この教えは、

「最近、言ウコトヲ聞カナクナッタ。ソレデモシテイイノダロウカ？」

と尋ねた黄帝に、玄女が「四至」にならないといけないと諭したものだ。女が興奮したときに出す「九気」のうち、最後の気が出なくなるからだ。気がいかないと、男も女の精気を採って補う採陰補陽ができない。

房中長生法では男が女から精気をもらって補う術が主体になっている。女は子供を産めるように、心臓も男より丈夫にできている。精気を漏らさず、男から受け取っているから、当然精気は多い。女のほうが長寿なのもこのためだろう。男の反応の観察と研究も少なく、この「四至」とすぐ後、第二節「合与不合」にある「三至」だけだ。

中国古代の伝説上の五帝の一人、黄帝は、千二百人の女と交わり、採陰補陽の術で仙人になって昇天したと伝えられている。

多くの女を相手にしたり、働きすぎたりして、夜のつとめがままならない男にとって「四至」は参考になる。仙人になるならないは別にして、要するに精気がないのに無理したら、男も女も体が損なわれ、病気になって早死にするからだ。

また『天下至道談』は、交わるときの注意点を十項目にまとめ、こう説いている。「十修」の教えだ。修は「修身」、修めて身につけることだ。

十修

一　腎気ヲ養イ、精気ガ保タレテイナイトダメダ。
二　男女双方ガシタクナイトダメダ。
三　一定ノ節度ガ必要。
四　ヤリスギナイヨウニスル。時間、回数、ソレカラ奥（谷実）ヲ突キスギナイ。

昇天する黄帝

五　燃エテキタラ、時機ヲ逃サズ調子ヲ合ワセル。
六　天地人ガ一体ニナル。戯道ハ大切。情ガ通ワナイトダメダ。
七　ユックリ、焦ラズニ進メル。
八　男ハ精力旺盛デ、持続力ガナイトダメダ。
九　精ヲ交ワシ、健康ト長寿ノ源ニスル。
十　終ワッタ後ハ静カニ呼吸シテ体ヲ整エル。

中医学では、五臓の一つ腎臓は副腎（命門）も含めて腎といい、精力を蓄えて体の働きを活発にする器官だと見なされている。外腎は金玉。腎虚は、腎の陰陽の平衡が崩れ、精力、根気のなくなる病気。そして腎水といえば、精液のこと。体内の液（水）、血、精液・唾液などは、気が液化したものだと考えられている。腎気を養わないと精気は保たれず、精液もできないのだ。

また天地人が一体になるというのは、陰陽の気が通じて一つになることだ。陰陽は交えなければならない。しかし一定の節度が必要で、平衡を崩さないようにする。陰陽が交わらなくなると、気血はとどこおり、心が不安定になって病気が起こる。

二　合与不合

協期

明代の著名な医学家であり、養生学家でもあった万全《ばんぜん》（一四八八―一五七八？）は、その著『広《こう》嗣《し》紀《き》要《よう》』協期篇《きょうき》で、「三至」、「五至」、「五候」を説いている。協期は、交わって子を作るのに適した時期のことだ。

三至・五至・五候

交ワルトキ、男ニハ三至、女ニハ五至ガアル。情ガ動クト、神（心）ガ通ウ。ソレカラ行ナエバ、陰陽ハ一ツニナリ、精血ハ結バレテ凝《カタ》マル。コレガ子ガ出来ル道デアル。

男ノ情ガ来（至）テモ、女ノ情ガ動カナカッタラ、精ハ早ク泄《モ》レテシマウ。コレヲ孤陽《コヨウ》トイウ。女ノ情ガ来テモ、男ノ情ガ動カナカッタラ、女ノ興奮ハ過ギ去ッテシマウ。コレヲ寡陰《カイン》トイウ。『玉函経《ギョクカン》』ニコウ書カレテイル。「孤陽、寡陰ダト結バレナイ。鰥夫《カンプ》（男やもめ）ヤ寡婦《カフ》ノヨウナモノデ子供ハ出来ナイトイワレテイル」

男ノ三至

一　玉茎ガ立ッテ、ウゴクノハ、肝気ガ来タカラダ。

二　大キク熱クナルノハ、心気ガ来タカラダ。

三　堅クナリ、イツマデモシャントシテイルノハ、腎気ガ来タカラダ。

萎《ナ》エテ立タナイノハ、肝気ガ来テイナイカラダ。無理ニシヨウトシタラ、筋ヲ傷メル。精ハ流レテ垂レルガ飛ビ出サナイ。大キクナッテモ熱クナイノハ、心気ガ来テイナイカラダ。無理ニスルト血ヲ傷メル。精ハ清《ス》ンデ冷タク、熱クナラナイ。堅サガ持続シナイノハ、腎気ガ来テイナイカラダ。無理ニスルト、骨ヲ傷メル。精ハ出ナイ。出テモ少ナイ。子供ガホシカッタラ、気持ヲ静メテ無理ヲセズ、肝、心、腎ノ気ヲ養ウコトダ。

女ノ五至

一　顔ヲ赤ラメテ、ハニカムノハ、心気ガ来タカラダ。
二　目ヲ潤メテ男ヲチラチラ見ルノハ、肝気ガ来タカラダ。
三　ウツムイテ黙リ、鼻ヲススルノハ、肺気ガ来タカラダ。
四　顔ヲ寄セテ、モジモジスルノハ、脾気ガ来タカラダ。
五　陰戸ガ開キ、潤ッテクルノハ、腎気ガ来タカラダ。

五気ガ来テカラ九一ノ法（九浅一深）デ交ワルトイイ。情ガ通イ、心ハ一ツニナル。
コレニ続イテ、女ニハマタ五候（徴候）ガアル。

五候

一　小サナ声ヲ出ス——心気ノ高マリ。
二　目ヲ閉ジテ開カナイ——肝気ノ高マリ。
三　唾ヲ飲ミコミ、息ガ荒クナル——肺気ノ高マリ。
四　足ヲ曲ゲタリ伸バシタリシテ、死ンダヨウニ仰向ク——脾気ノ高マリ。

五　口ト鼻カラ出ル息ガ冷タクナリ、陰戸ガ濡レテクル――腎気ノ高マリ。五候ハ快感ノ表ワレダ。男ハ女ノ情ヲヨク見テ、コトヲ進メルトイイ。子供ニ恵マレルダケデナク、体ニモイイ。

このように房中長生家は、体に通っている五行の気を重視し、身体全体の変化から興奮状態を知ることの重要性を再三指摘している。

明代の著名な医学家、張介賓《ちょうかいひん》（一五六三―一六四〇）は、子供を作りたいとき、性の交わりには重視すべき点が十あるといっている。『景岳全書《けいがくぜんしょ》』婦人規・子嗣類に収められている『宜麟策《ぎりんさく》』にある教えだ。景岳は張介賓の号、「宜麟策」は「立派な男児を授かる法」という意味である。

陰陽ノ道ハ合エバ一ツニナリ、合ワナイト離レル。合ッタラウマクイキ、合ワナカッタラウマクイカナイ。コレハ天地自然ノ摂理、天道ダ。人事（性交）ハ、コノ摂理ニ基ヅイテイル。ソシテ陰陽ノ道ガ最モ顕著ナノハ、人事ニ於テダ。「合与不合」、合ウカ合ワナイカ十ノ機（時機）ガアル。コレヲワキマエルコトガ出来タラ、意ノママニナル。

張介賓は「十機」をこう説いている。要点を分かりやすく紹介しておく。

一　動機

子宮口の闔闢（閉開）によって女は動（燃）える。

女がほしがるとき、子供が出来やすい。気が下がって、子宮が開いている。反対に乗り気でないときは出来ない。口がふさがっているからだ。

子宮に気があると、人が変わったように激しくなる。大きな鯨が水を吸い込むようだ。あるいはまた、大きな杯の酒を飲み干すようだ。いくら燃えても燃えつきず、どこまで昇りつめるか分からない。

子供を作りたいなら、この機会を逃したらだめだ。この時機は短いから、早すぎても遅すぎても失敗する。

ただ、女に気がきたかどうかを見分けるのはむずかしい。表われ方はそれぞれ違うからだ。直観的に判断するしかない。どんな状態だとはいえないのだ。しかし、よく注意すれば、必ず感じとれるようになる。

二　合機

合（いく）のは持続の遅速による。

最高潮に到達するまでには個人差がある。早い人も、遅い人もいる。早い者、あるいは遅い者同士が一緒になれたらいいが、なかなかそうはいかない。「稟有不斉」――生まれつきの体質は、みな違うのだ。

遅い者は、早くいかれてしまうと味気無い。もう少しだという時に終わってしまうと、体にもよくない。お腹がすいているとき、おいしい物をほおばったのに呑み込めないようなものだ。

また早い者は、遅い者を嫌がる。酔って飲みたくないのに無理やり飲まされるようなものだ。

しかし、これではいけない。どちらも相手に合わせて、一緒にいくようにすべきだ。同時に最高潮に達したとき、陰陽の気が融合するからだ。

早い者は気持を抑えて、相手が高まるまで待ち、それから本気でとりかかる。遅い者は、後ろから、「待って、待って！」と声を掛けたりせず、抜け道を通ってふいに飛び出すといい。

三　畏機

強弱によって畏（恐れ）が生ずる。

強い者と弱い者がいる。差がありすぎると、うまくいかない。

女の方が弱いと、蜂に襲われるように、あるいは戈矛《ほこ》で刺されるように怖がってしまう。反対に男の場合は、いざというとき、気配を感じただけで萎縮して言うことを聞かなくなる。

性の強弱について、男女の均衡がとれることは少ない。

いずれにしても、強い方に主導権があるのだから、大切なのは思いやりで弱い者の心を導いてやることだ。弱い者が強い者に負けずに頑張ろうとしても、所詮、無理である。精神を集中しなかったら、夢中になれないからだ。

強い者を怖れてはならない。弱くても気にしないことだ。そして均衡がとれるよう、いろいろ工夫してみるといい。

四　会機

遠近（深浅）によって会（届く）かどうかが決まる。

陽根には太細長短があり、圧迫と深浅の刺激が変わってくる。当然、女も十人十色、外観も内部構造もみな微妙に異なっている。

なかには飛び抜けて大きい者、また小さい者もいるから、合うか合わないかは、重要な問題になる。特に大切なのは、深浅と長短だ。

浅い女は長い物で突かれると、しらけてしまう。無断で戸を開けて、ずかずか入ってこられるようなものだ。また反対に短くて奥まで届かないと、なんだか物足りない。背伸びして、なんとか部屋の中を覗こうとしているようなものだ。

深浅と長短が合わないと、隔たりが生ずる。長すぎる場合は、突きすぎないよう注意したらいい。問題は、短いか逆に女が深すぎるときだ。それには房中術によって腎気を養い、精力を強める努力をすべきだ。ただしこれには時間がかかるが、精子の勢いが強まり、出来にくい子供が出来ることもある。

張介賓の「会機」の教えは以上だが、日本には昔から、和紙を丸めて詰めたり、枇杷《びわ》の種やビー玉を入れたりして、男女の長短の差を調節する法が伝わっている。しかし、陰陽の気が一つになることを重視する中国の房中術では、気の流通を故意に妨げるような法は使わない。ますます子供が出来にくくなってしまうからだ。

五　生機

精気の盈虚《えいきょ》（多少）によって精子の生（元気）は決まる。

腎臓は精気を蓄えて、体の働きを活発にする器官だ。胃は物が入ったらふくらみ、なくなったらひもじくなる。腎は精気を蓄えたら盈《み》ち、精気がなくなったら虚《きょ》になる。精液は、精気が液化した貴重な物質で、新たな生命を生む。

性の交わりは、体質、精力、そして年齢に応じて行なわないといけない。出来るのが当り前だと思い、洩らしすぎてはよくない。腎虚になり、精力と根気がなくなって体が早く衰えてしまう。

六　気機

気は労逸（疲労と休息）に左右される。

夢中になって動かすばかりでなく、間を取って休むこつを学ばねばならない。疲労は気を散らし、弱める。休息は気を集め、強める。

武器も農具も、使うこつを知らないと、敵に勝てないし、種も上手にまけない。

七　情機

懐抱（抱く）と情が交《かよ》う。

交わることの興奮と喜びは、心の結びつきから生まれる。落ち着けなかったり、気になることがあったり、むしゃくしゃしたりしているときは抑えて、しないほうがいい。情投意合、両情繾綣《けんけん》（情ガ一ツニ結バレル）でないと、うまくいかない。

喜びは陽気で明るい。よくない心理状態は陰気で暗い。陽気からは生気が、陰気からは殺気が出る。これらの気は、生まれてくる子の性格に影響するのだ。生気からは聡明、殺気からは愚鈍な子が出来るようになる。

八　失機

男の失（過失）が暗産（流産）をもたらす。

若くて体力に自信のある男は、つい無理をしすぎて、子供を作る機会を失なってしまう。性欲を抑えきれず、妻が妊娠していてもかまわずにして、胎児の気を傷めてしまう。流産の原因は女の体質だけではない。男はむちゃをしてはいけない。放出ばかりしていたら、子供も出来にくくなる。

九　時機

童稚（少女）はまだ時（結婚適齢期）ではない。

蕾になったばかり、まだ幼さが残っている少女は、結婚はむりだ。月経もまだで、自然の力が備わっていない。熟れていない実に種は出来ない。成長していない蚕に、まゆは作れない。

十代で結婚すると、月経不順になりやすい。親からもらった元陰が損われ、腎精が衰えて気が弱り、神が散ってしまう。子が出来ず、早死にする者が多い。

たとえ十四で月経があっても、二十になるまで待ったほうがいい。きれいに花が開いたところで結婚するのが自然の理にかなっている。生まれてくる子も健康で長寿だ。

十　陽機

心の君火と腎の相火、この二火によって陽は左右される。

張介賓は、中医学理論に基づいて、房事は度を過ごしてはいけない、子供が出来なくなると説いている。

君火ハ心ニアル。心ハ火ノ君主ダ。相火ハ腎ニアル。腎ハ火ノ元ダ。二ツノ火ハ相互関係ニアリ、無言ノウチニ反応スル。心ヲ静メナイトイケナイ。静メナイト、火ハヒトリデニ動イテ腎ヲカキタテル。ソウナルト陽（心）デ陰（腎）ヲ焼クヨウニナルカラ、無理ガ生ズル。気ハ下ガッテシマウ。丹田ガ気ヲ守レナクナルカラダ。既ニ腎ニアル元陽本来ノ力ハ失ワレテシマッテイル。腎ノ働キヲ高メルトイイ。ソウスルト陽ハ地《シタ》カラ昇ル。腎カラ心ニ行ク。コレダト、水（腎は水を司る臓）デ火ヲ静メルコトニナルカラウマクユク。無理ガナイカラ、気ハ先ニナリ上ニ昇ッテ百脈ニ通ジル。コウシテ気ヲ溜メテオカナイト、子ガ出来ル真機ハヤッテコナイ。

〈君火〉心火のこと。『黄帝内経』素問「心者、君主之官、神明出焉（心ハ君主ノ官、不思議ナ力ガ宿ッテイル）」。心は精神と内臓の働きを主宰する君主の官。

男は心の火を静めず、夢中になっていると、虚労（体力低下）になって子が出来なくなる。精と血、そして性機能が衰えるからだ。

小宇宙である人体には陰陽五行の気が流れ、心には火気、腎には水気が通っている。夢中になりすぎると、心火（陽）は炎上して腎陰を焼くから、腎の陰陽の平衡がくずれる。腎陽（元陽）が強くなり、丹田にも影響が生じる。精気を守っておられなくなるのだ。抑えがきかなくなって洩れてしまう。腎の活動を活発にさせて腎陰（水）を心に上げ、心火（陽）を静める。そうすると精気は洩れなくなるという教えだ。

性生活がうまくいくかいかないかの鍵は、心と体が合うか合わないかにある。それには十の要点、「十機」があると張介賓は教えているのだ。「十機」をよくわきまえておかねばならない。

合与不合の「会機」の問題に関連した面白い話がある。天の取り持ちで男女がめぐり合い、結ばれる良縁のことを「天作之合」という。

中華民国十六年（一九二七）、上海、明明出版社から発刊された中国性奇談『什麼話《シエンモホア》（珍しい話）』（撰者不明）に、「什麼天媒（天の取り持ち）」という話が載っている。

河南省汴《べん》（開封市）、垣十字坡に楊柳という旅館があった。粋な女将《おかみ》は亭主を亡くし、ひとり暮しだ。三十過ぎだが、そんな年には見えない。さまざまな男が言い寄るが、誰にもなびかなかった。

実を言うと、彼女の陰戸は小さく、深かったのだ。普通の男の物は入らない。指ぐらいの太さで、鼠の尾のように長くないと駄目なのだ。そこで彼女は、旅館の一隅に小便桶を備えつけ、部屋から男の物をそっと観察することにした。

——ひょっとしたら、合う男がいるかもしれない。

数年がたち、あきらめかけたとき、やっと細くて長い陽物の持ち主を見つける。天にも昇る心地で男を誘う。男も彼の物と合う女はいないと悩んでいたのだ。そこで二人はめでたく結ばれるという話である。

男も女もさまざまで、変わった物があるのは確かだ。しかし天の配剤で、どんな型にも合った相手がいる。楊柳旅館の女将と同じように、根気よく探すことだ。

清、西冷狂《せいれいきょう》著『載花船』のなかで、唐の女帝、則天武后は「選亀之道（法）」を教えている。亀は陽物、造化の妙で陽気が集まり大きくなる珍棒のことだ。

しかし亀は直接見て、いちいち確めるわけにいかない。いい方法がある。鼻の形を見たら、大小が分かる。大きくて、小鼻が張っているのがいい。ただし、赤味を帯びて光っていたらだめだ。これは飲兵衛で、陽気が鼻から出てしまっているからだ。

「選亀之道」で則天武后は、最後にこう注意している。

採陰の術を学び、女を食い物にして不老長寿を目指している男がいる。小さく冷たかった亀を鍛えて、大きく熱くなるようにしている。欲を抑えて深く入れず、巧みに精を閉ざす。絶対に洩らさない。いつまでも元気なので、女は宝亀だと思い込み夢中になってしまう。そのうちに真陽を吸い採《と》られ、精気が抜けてゆく。一時の快楽に我を忘れていると、命を亡くすことにもなりかねないから、こんな相手は選ばないよう心掛けなければならない。

これで思い当たることがある。美しく溌剌《はつらつ》としていた女性が、結婚したとたんにやつれて別人のようになってしまう。逆に男がそうなるときもある。先天的に採精の法が身に備わった男女がいるのではないだろうか。

取火煮海訣

則天武后が注意を促しているのは、房中長生術の修煉を積んだ道士のことだ。気功導引で体内の気を操り、女の真陽を玉茎から吸い採る。そのために、気で玉茎を鍛えているのだ。明、洪基がその著『種子秘剖』で教えている「取火煮海訣《しゆかしやかいけつ》」はその方法の一つだ。心火(意念)で気海(臍下一寸半、任脈にある経穴《つぼ》)の真陽の気を温めて逃がさない秘術である。

必ず夜、七時から十一時の間に行なう。この時刻は陰気が盛んになり、陽気が衰えてくる。軽い着物をはおって正座し、右手で外腎(金玉)を握り、左手を丹田(臍下三寸)に当てて同時に九九・八十一回もみさする。終わったら、今度は左手で外腎を握り同じようにする。続けていると、身体が温まってくる。

臍下丹田は精気が集まり、蓄えられる場所だ。「五臟六腑之本」、「陰陽之会」、「出気之源」などともいわれ重視されている。この周辺には気海、命門など大切な経穴もある。

話はもとに戻る。丹田を撫でさすると任脈の気海にも刺激が伝わる。気海は気をコントロールする経穴だ。体の一部分に心火（意念）で気を集めると、温かく感じられる。気の存在は見えないが、体で感じることはできる。こうして真陽の気を逃がさないようにすると、男は元気になる。

この鍛煉法は中国独特のものだ。日本に昔からある金冷法や、未開地の人間が行なっていたという石や棒など固い物で叩く法ともまた違う。中国の房中養生理論に基づいた鍛煉法は、漢方薬と同じで時間をかけないと効果は現われないのだ。

三　体位

十勢と十節

勢は姿勢、節は方法。

『天下至道談』と『合陰陽』が教えている気功導引を取り入れた十種類の体位。名称はちょっと異なったところもあるが、内容はまったく同じだ。

『天下至道談』はこう説いている。

人ニハ、生マレナガラ身ニツイテイルモノガ二ツアル。呼吸ト飲食ヲスル能力ダ。学バズ練習モセズニ出来ルノハ、コノ二ツダケダ。飲食ハ体ヲ養ウガ、女色ハ体ヲ損ウカラ、養生ノ道ヲ心得タ人ハ、必ズ定マッタ規則ニ基ヅイテ性ノ交ワリヲ行ナッテイル。

これに続いて、動物の動きをまねた十勢の名称が並んでいる。動物の格好は馬王堆《まおうたい》漢墓から出土した導引図にも出ている。そしていまも、太極拳やインドのヨガで使われている。この十勢の中の「蟬附《せんふ》」、「蝗磔《こうたく》」、「猿居《えんきょ》」、「蜻蛉《とんぼ》」の体位にも、呼吸法が一言ついている。動物の体位は気功、導引と関係があるからだ。性の交わりは「養生之道」だと見なされていたのである。

しかしその意味は、具体的には説明されていない。『合陰陽』の十節も同じだ。これらの房中長生術の経典がまとめられたと推定される二千五百年ほど前の春秋時代の人は、おそらくこの名称だけでどんな体位か分かったのに相違ない。

一　虎流（戯レル虎）。十節では虎游となっている。

中国の解説書では、泳いだり、歩いたり、跳び上ったりする虎の動作をまねた体位だとされている。流は泳ぐではなく、流儀ではないだろうか。虎式交合である。游は戯れること。しかしこれだけではどんなものなのか分からない。

虎はネコ科の動物だ。交尾は、猫と同じように雄が後ろから雌の背に乗りかかる。

「虎流」は「うしろどり」に違いない。『玄女経』の九法に「虎歩《こほ》」、『洞玄子』の三十法にも「白虎騰《びゃくことう》」という名称の体位が説かれている。

二　蟬附（樹ニトマッタ蟬）

うつぶせになった女の上に、男がかぶさる方法だと解釈されている。しかし、この蝉附というのは、日本の四十八手にある「蟬がかり」ではないだろうか。

この体位には、「思外（気ヲ吸ウ）」と一言だけ気功導引の要点が示されている。「思」は「息」だと推測されている。
三　尺蠖《せきかく》（シャクトリ虫）。十節では、斥蠖となっているが、意味は同じだ。
尺蠖は、体を縮めたり伸したりして移動する。その動きをまねた形だといわれても、どうしたらいいのか見当がつかない。
四　麕梟《きんきょ》（鹿ノ角）。十節では麕桷となっている。
桷は角、梟は挙、持ち上げるという意味だ。鹿が角をかざして突きかかる――男の物が角にたとえられているのは分かっても、体位とつながらない。「うしろどり」のような気もするが。
五　蝗磔（羽ヲヒロゲタ蝗《イナゴ》）
磔は、開くという意味。これもどんなものなのかよく分からない。下になった女が脚を男の腰に回す「揚羽本手」のような気もする。ここには、蟬附と同じように気功導引の要点を教える言葉が、簡単に「息内」と添えてある。吸った気を、内で静かに保てというのだ。
六　猿居（シャガンダ猿）
これは、仰向けになった男の上に、女が坐る「時雨茶臼」ではないだろうか。これにも気功導引の要点が、「思外」とだけ記されている。

七　蟾諸《せんしょ》（トノサマ蛙）

じっとして息をしている蛙、あるいはぴょんぴょん跳ぶ蛙の動きをまねた気功導引交合法だと説明されているが、どんな形なのか不明。

八　兎鶩《とぶ》（跳ビハネル兎）

鶩は跳びはねるという意味である。『玄女経』の九法に、兎吮毫《といんごう》（毛ヲナメル兎）がある。男は仰向けになる。女は背を向けて上になり、しゃがみこんで入れ、両手を前について動かす。この形は、兎が跳びはねている恰好と似ている。

九　蜻蛉（トンボ）

飛んでいる蜻蛉の動きだといわれても、ちょっと見当がつかない。蜻蛉は、水面に尾の先をつける動作をする。これだと、中国で俗に「蜻蜓点水《チインテイインテイエンシウイ》（トンボガ尾ヲ水ニ着ケル）」という形、男上双伸位に似ている。

また交尾中、後ろの蜻蛉が丸くなって飛んでいることがある。これだと、「うしろどり」の変形と似てくる。

この蜻蛉の体位にも、気功導引の要点、「思外」がつけられている。

十　魚嘬《ぎょさい》（餌ヲツツク魚）

嘬は、口をすぼめて吸うという意味。玉門の動きは連想できても、どんな形なのかよく分からない。

魚と関係のある名称には、『玄女経』に「魚接鱗（寄リ添ウ魚）」、『洞玄子』に「曝鰓魚《ばくさいぎょ》（鰓《エラ》ヲサラス魚）」と「魚比目《ぎょひもく》（寄リ添ウ魚）」がある。

魚は女陰の象徴だといわれている。

これは、古代中国人の生殖崇拝と関係がある。彼らは、繁殖力の強い魚を崇拝し、祀って食べる儀式、魚祭りを行なっていた。魚を二匹合わせて女陰を表わす双魚紋の陶器が、数多く残っている。墓から出土した白玉《ぎょく》の双魚もある。

また、月、蟾蜍《せんじょ》（ガマ蛙）、花、鹿、羊、兎、貝、舟なども魚と同様に女陰、女性の象徴として崇拝されていた。鹿、羊、兎も繁殖力が強い。大昔は、子孫を残し繁栄させることが重視されていた。新しい生命の誕生をもたらす性行為は、神聖なものだったのだ。

魚蛙紋彩陶盆（陝西省臨潼姜寨出土）

月の満ち欠けと、月経の周期は関係がある。

月は朔・上弦・望・下弦と七日間隔で変化しながら、二十八日で元の朔へ戻ってくる。月経の周期も不思議なことに、標準は二十八日だ。月と出産とは密接な関係があり、月は出産を司る神だと信じられていた。月の宮殿には蟾蜍が住んでいる。蛙は月の精だったのだ。

蛙のまるい腹は、女性の腹、子宮の象徴である。蛙も繁殖力が強い。河南省、仰韶《ヤンシアオ》遺跡からは蛙紋の陶片、また青海省、馬家窩《マチイノウォ》遺跡からは蛙紋の彩陶盆や壺が出土している。

陽山の岩絵

花の蕾は女陰、蕊《ずい》は核《さね》と子宮の象徴だ。花は女陰の隠語として、明の時代に書かれた有名な物語、笑笑生『金瓶梅詞話』のなかでも、直搗花心《チイタオホアシン》（奥ヲ突ク）と表現されている。

中国古代の陶器、青銅器、玉器、門飾りなどには、魚や花の形をした図案が数多く使われている。

また鳥紋は、男根の象徴だといわれている。鳥の頭と亀頭が似ているからだ。鳥は卵を生む。男根にも卵（睾丸）がついている。そのため中国語では、男根を鳥《テイアオ》、金玉を卵《ルアン》という。鳥が何個も卵を産むように、子宝に恵まれたい願望があったのだろう。そしてまた男根を鶏巴《チイパ》というのも鳥と関係がある。巴（[illegible]）は蟒蛇《ぼうじゃ》（大蛇《うわばみ》）の象形文字だ。鶏と大蛇が一つになっているのも面白い。更に驚嘆に値するのは、これらの言葉がいまも使われていることだ。

鳥が魚をくわえている紋もたくさんあり、陶器、青銅器、そして岩絵などにも残っている。内蒙古、陽山《ヤンシアン》で発見された約三千五百年前の岩絵には、男女の裸体図、集団交媾図が描かれており、周囲に交尾している鹿、猿、犬もいる。こうした岩壁画も、古代の性崇拝と関係があったのだろうといわれている。

話を体位、「十勢」と「十節」に戻す。

蛙、兎、魚が体位の名称になっているのは、おそらく生殖崇拝と関係があったのだろう。また鹿、猿、そして虎や熊も、現在想像する以上に身近な存在であったに相違ない。古代人は、それらの動物に畏敬の念を抱いていた。人間にない力を彼らから学び取ろうとしたのだ。
蟬、蝗《いなご》、蜻蛉《とんぼ》は、言うまでもなくさらに身近な生き物である。人間と動物は、現在のように分離せず、自然のなかで共存していた時代だった。その当時、人間にも動物と同じ本性ともいえる英知と第六感があった。しかし、文明の進歩とともにそれが忘れられ、失われていったという。大昔の人は、動物の名称を聞いただけで、どんな方法かすぐに分かったのだろう。説明などする必要はなかったのに相違ない。

馬王堆漢墓から出土した房中長生術書『天下至道談』、『合陰陽』などは、二千五百年あまり昔にまとめられたと推定されている。そしてまた「十勢」と「十節」の体位は、古代の生殖崇拝と巫術《ふじゅつ》の病気治療法が結びついて生まれたものだろうといわれている。

初期の房中長生家は、違った体位は身体に違った効果をもたらすと信じていた。とどこおった気と血の流れをよくし「治諸結聚《ちしよけいしゆう》」、さまざまな病気も治せる「百病消亡」。不老長寿の「養生之道」だったのだ。

しかし晋《しん》、隋、唐の時代になると房中養生学の研究が進み、体位による治療はだんだん重視されなくなる。動物の名称はそのままでも、『玄女経』の「九法」では体位は治療養生のためだという考えはだんだん薄れ、それから二百年あまり後、唐の時代にまとめられたといわれている『洞玄子』の「三十法」では性生活に変化をつけて楽しむ技巧になっている。

三十法

『洞玄子』はこう説いている。

ヨク調ベテミルト、体位ハ三十以上ハナイ。屈伸俯仰、出入浅深ノ違イハアルガ、ドレモホトンド同ジデ、大シテ変ワラナイ。コレデ全部ダ。モウ他ニハ無イトイエル。動キト形ニ基ヅイテ名前ヲ付ケテミタ。

コノ意図ヲオ分カリイタダケタラ、ココニ記シタ変化ノ妙ヲ、探究シテホシイ。

一　叙綢繆《じょちゅうびょう》（話をして気分をほぐすという意味。説明はついていない）

二　申繾綣《しんけんけん》（ピッタリ体ヲ寄セル）

三　曝腮魚《ばくさいぎょ》（説明はない。陸に上げられた魚が鰓《えら》をむきだすように、玉門が開閉する様子が想像できる）

四　麒麟角《きりんかく》（やはり説明はないが、麒麟の角のように玉茎を立てることだろう）

以上四マデハ前戯。皆、大切ダ。

五　蚕纏綿《さんてんめん》（纏《マツ》ワル蚕《カイコ》）〈日本の名称は、揚羽本手、とんぼつり〉

女ハ仰向ケニ寝テ、男ノ首ヲ抱キ、足ヲ背中ニ回ス。男ハ女ノ首ヲ抱イテ割ッテ入ル。

六　龍宛転《りゅうえんてん》（ワダカマル龍）〈深山本手〉

女ハ仰向ケニナリ、両脚ヲ曲ゲル。男ハ跪《ヒザマズ》キ、女ノ両脚ヲ押シ上ゲテ入レル。

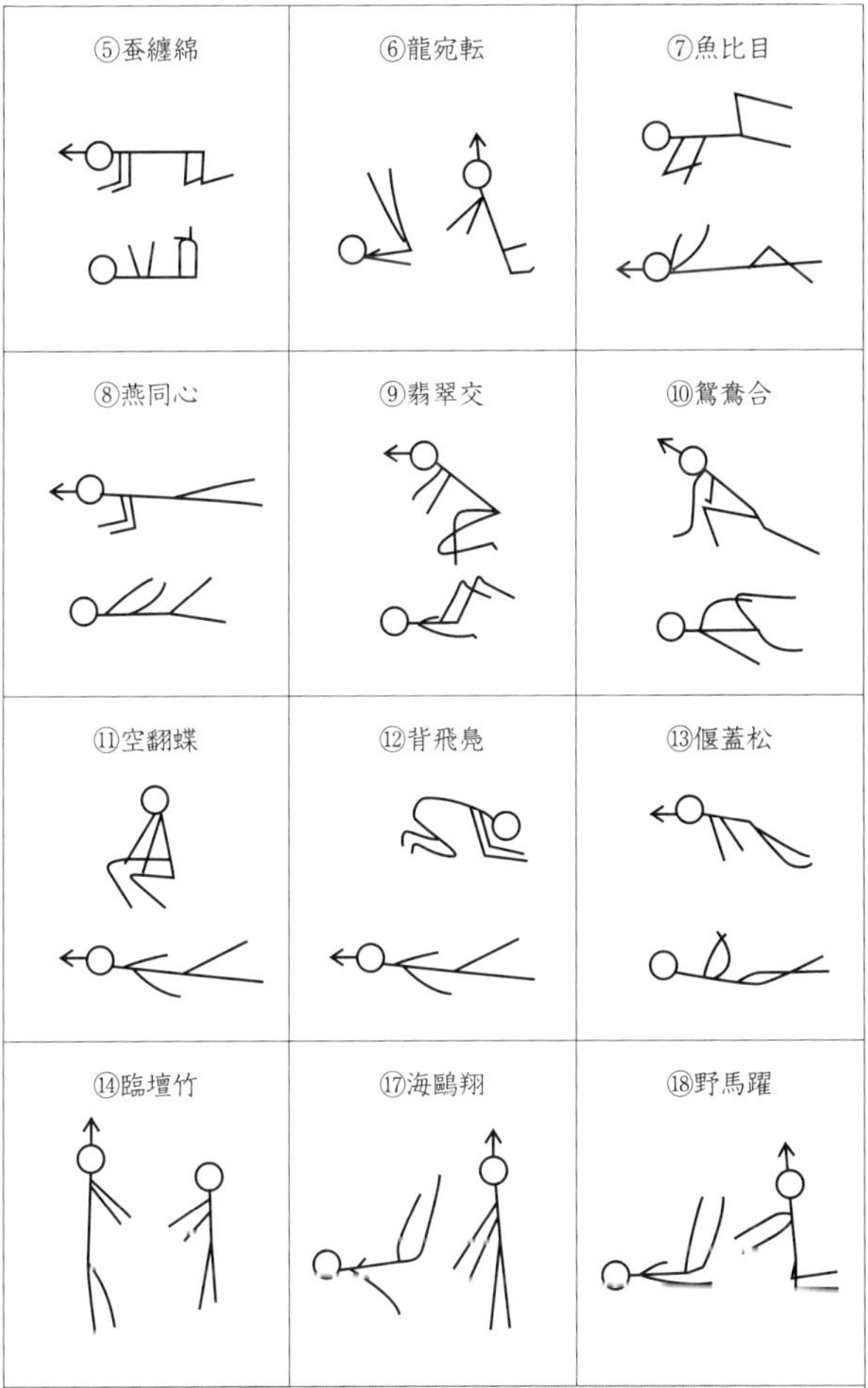

「三十法」その一　①〜④　⑮⑯は省略

七　魚比目《ぎょひもく》（寄リ添ウ魚）〈横どり、横づけ、ならび〉

ドチラモ横向キニ寝セル。女ハ片方ノ脚ヲ男ノ上ニ載セル。向キ合イ、口ト舌ヲ吸ウ。男ハ両脚ヲ伸バシ、手デ上ニナッテイル女ノ脚ヲ持チ上ゲテ入レル。

八　燕同心《えんどうしん》（ツガイノ燕）〈しがらみ、外がこみ、小股ばさみ〉

女ヲ仰向ケニシ、足ヲ伸サセル。男ハマタガリ、上体ヲ倒シテ女ノ首ヲ抱ク。女ハ男ノ腰ニ手ヲ回シ、玉茎ヲ丹穴ニ導ク。

九　翡翠交《ひすいこう》（川蟬ノ交ワリ）〈「かかえ込み」に近い形〉

女ヲ仰向ケニシテ、両脚ヲ持チ上ゲル。男ハ右膝ヲ下ニツケ、左膝ヲ立テテ跪キ（胡跪）、腰ヲ寄セテ琴絃《キンゲン》（中一寸）マデ入レル。

十　鴛鴦合《えんおうごう》（オシドリノ交ワリ）〈つばめ返しの変形〉

女ヲ横向ケニ寝カシ、両脚ヲ男ノ股《モモ》ニカケサセル。男ハ女ノ背後カラ、下ノ脚ニマタガル。片膝ヲ立テ、女ノ上ニナッテイル股ヲ載セテ挿入スル。

十一　空翻蝶《くうはんちょう》（蝶ノ舞）〈時雨《しぐれ》茶臼、腹やぐら〉

男ハ仰向ケニナッテ両脚ヲ伸バス。女ハ前ヲ向イテ男ノ上ニ座ル。足ヲツイテ腰ヲ浮カシ、陽鋒ヲ持チ添エテ玉門ニ入レル。

十二　背飛鳧《はいひふ》（鴨ノ宙返リ）〈月見茶臼〉

男ハ仰向ケニ寝テ、両脚ヲ伸バス。女ハ背ヲ向ケテ上ニ座ル。膝ヲツキ、頭ヲ低クシテ丹穴ニ

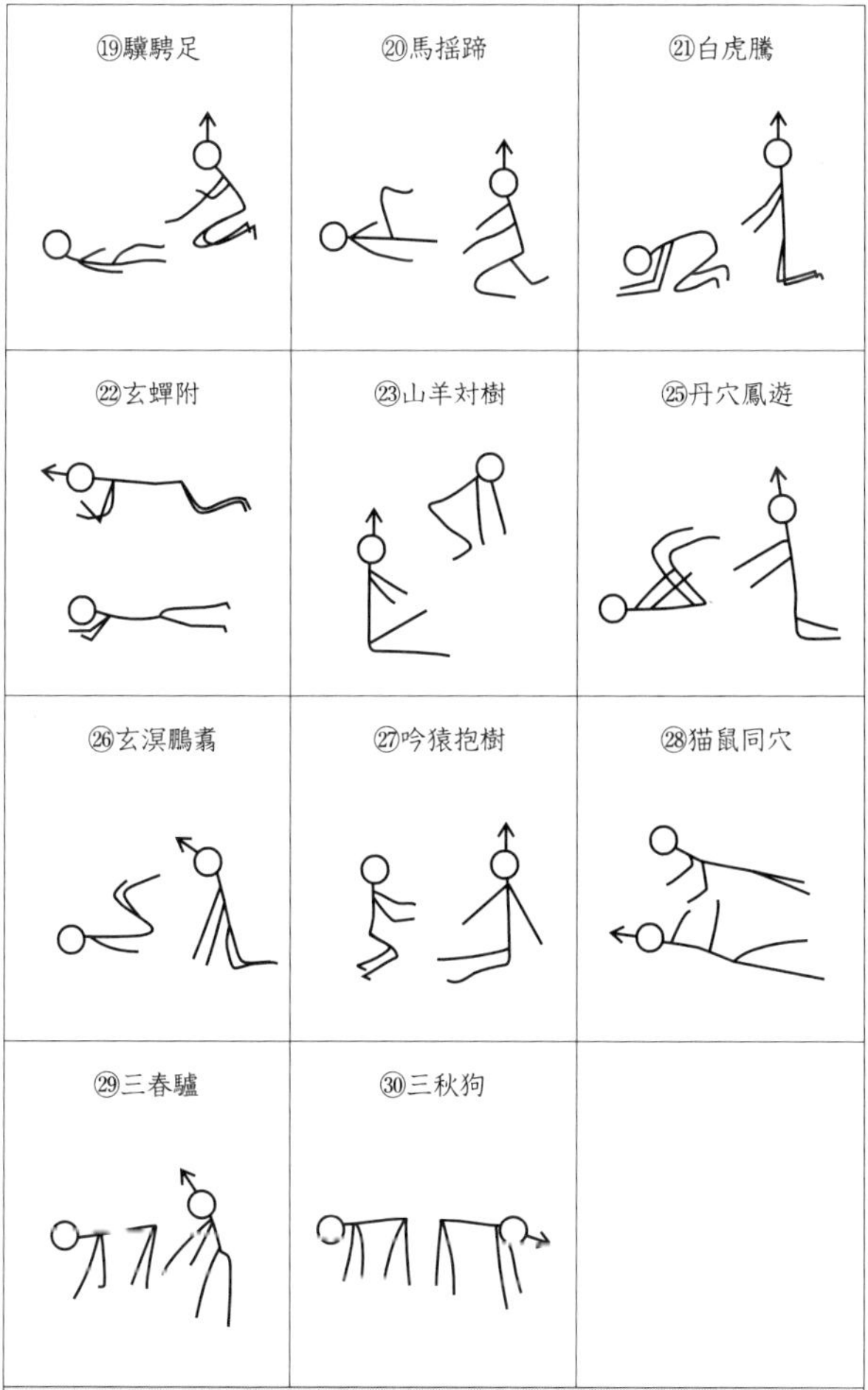
⑲驥騁足
⑳馬揺蹄
㉑白虎騰
㉒玄蟬附
㉓山羊対樹
㉕丹穴鳳遊
㉖玄溟鵬翥
㉗吟猿抱樹
㉘猫鼠同穴
㉙三春驢
㉚三秋狗

「三十法」その二　㉔は省略

入レル。

十三　偃蓋松《えんがいしょう》（カブサル松）〈小股ばさみ〉

女ニ脚ヲ交差サセ、立テサセル。男ハ女ノ腰ヲ引キ寄セテ入レル。女ハ男ノ首ニ手ヲ回ス。

十四　臨壇竹《りんだんちく》（築山《ツキヤマ》ノ竹）〈鯉の滝のぼり〉

向カイ合ッテ立チ、口ヲ吸ッテ抱キ合ウ。陽鋒ヲ深ク丹穴ニ入レル。

十五　鸞双舞《らんそうぶ》（二羽デ舞ウ鸞）

男女ノドチラカ一方ガ仰向ケニナリ、一方ガ俯《ウツブ》ス。仰向イタ方ハ脚ヲ上ゲル。俯ス方ハ上ニ座ル。陰ガ向カイ合ウ。モウ一人ノ男ガ後ロカラ入リ込ミ、脚ヲ前ニ伸バシテ広ゲテ座リ（箕座《キザ》）、上下ヲ攻メル。

　これは、男二人、女一人の体位だ。鸞は鳳凰《ほうおう》に似た伝説上の霊鳥。

十六　鳳将雛《ほうしょうすう》（雛ヲ抱ク鳳凰）

肥満体ノ女ハ、少年ヲ加エテ二人ヲ相手ニスルトイイ。

　少年はまだ体が小さい。これも二対一の体位だ。仰臥した肥満体の女の上に小柄な少年を乗せ、もう一人の男が「鸞双舞」の攻め方をするのだ。少年を雛になぞらえ、雌と雄の親鳥が間にはさんで可愛がる形。鳳凰は伝説上の瑞鳥《ずいちょう》。雄を鳳、雌を凰という。三人での交わりを、中国語で「三人淫」という。組み合わせは、女二人と男一人、あるいは男二人と女一人になる。同性二人は同性愛者である場合が多い。

十七　海鷗翔《かいおうしょう》（飛ブ海鷗《カモメ》）

男ハ寝台ノ横ニ立チ、女ノ両脚ヲ持チ上ゲテ、子宮ニ届クマデ入レル。
上に開いた女の白い脚が、海鷗の翼のように見えるから、この名称になったのだろう。

十八　野馬躍《やばやく》（跳ネル野馬）〈かつぎ上げ、肩車〉
女ヲ仰向ケニシテ両脚ヲ持チ上ゲ、肩ニ載セテ入レル。

十九　驥騁足《きていそく》（駆ケル駿馬）
女ヲ仰向ケニ寝カス。男ハ蹲《シャガ》ミ左手デ女ノ首ヲカカエ、右手デ女ノ脚ヲ持チ上ゲ子宮ニ届クマデ入レル。

二十　馬揺蹄《ばようてい》（アガク馬）〈丁字引《ちょうじ》き〉
女ヲ仰向カセル。男ハ女ノ片方ノ脚ヲ持チ上ゲテ肩ニ載セル。モウ一方ノ脚モ自然ニ上ニアガッテクルガ、ソノママ丹穴ノ奥深クマデ入レル。

二十一　白虎騰《びゃくことう》（跳ネル白虎）〈うしろどり〉
女ヲ跪《ヒザマズ》カセテ上体ヲ前ニ倒サセル。男ハ後ロニ跪キ、引キ寄セテ奥マデ入レル。

二十二　玄蟬附《げんせんふ》（樹ニトマル黒イ蟬）〈敷き小股〉
女ヲ俯セニ寝カシ、脚ヲ伸バサセル。男ハ股ノ間ニ膝ヲツキ、カブサッテ首ヲ抱ク。

二十三　山羊対樹《さんようたいじゅ》（樹ニ突ッカカル山羊）〈うしろ茶臼〉
男ハ箕座シ、女ニ背ヲ向カセテソノ上ニ座ラセル。

二十四　鵾鶏臨場《こんけいりんじょう》（闘鶏場ノ軍鶏《シャモ》）

男ハ寝台ノ上デ左膝ヲ立テテシャガム（胡蹲）。少女ニ玉茎ヲ握ラセテ、玉門ニ入レサセル。モウ一人ノ女ガ、後ロカラ少女ノ衿裾《オクミ》ヲ引ッ張ッテ、早ク動カスヨウニサセル。

二十五　丹穴鳳遊《たんけつほうゆう》（丹穴ニ戯レル鳳）〈かつぎあげと深山本手の混合形〉

女ヲ仰向ケニサセ、両手デ脚ヲアゲサセル。男ハ女ノ尻ノ所ニ跪《ヒザマズ》キ、両手ヲ床ニツイテ丹穴ニ入レル。

二十六　玄溟鵬翥《げんめいほうしょ》（黒イ海ヲ飛ブ鵬《オオトリ》）〈俵《たわら》だき本手〉

女ヲ仰向ケニ寝カス。男ハ女ノ両脚ヲ取ッテ左右ノ腕ニカケ、手ヲ下ニ伸バシテ腰ヲカカエル。

二十七　吟猿抱樹《ぎんえんほうじゅ》（樹ニスガッテ啼《ナ》ク猿）〈唐草居茶臼〉

男ハ箕座スル。女ハ膝ニ乗ッテ男ヲ抱ク。

二十八　猫鼠同穴《びょうそどうけつ》（一ツ穴ノ猫ト鼠）〈いかだ茶臼から、敷き小股へ移行〉

男ハ最初仰向ケニナリ、脚ヲ伸バス。女ハ男ノ上ニカブサル。次ニ変ワッテ男ガ俯《ウツブ》セニナッタ女ノ背中ニカブサル。

二十九　三春驢《さんしゅんろ》（春ノ驢馬）〈うしろ櫓《やぐら》〉

女ハ両手ト両足ヲ下ニツク。男ハ後ロニ立ッテ玉門ニ入レル。

初・仲・晩の三春に、驢馬はさかりがつくという。

三十　三秋狗《さんしゅうく》（秋ノ犬）

男女ハ両手ト両足ヲ下ニツケ、逆ヲ向イテ尻ト尻ヲクッツケル。男ハ頭ヲ下ゲ、手デ持ッテ入レル。

犬は初・仲・晩の三秋にさかりがくるという。

以上が『洞玄子』の三十法だ。しかし、「十勢・十節」と違い、気功導引は加えられていない。「三十法」は、平安時代の丹波康頼編『医心方』に収められており、日本の四十八手の原典になったといわれている。

四　出し入れの法

左転右転、十修、九状

『洞玄子』にはこう記されている。

天ハ左ニ回リ、地ハ右ニ回ッテイル。春ト夏ガ過ギルト、秋ト冬ガクル。男ガ詩ヲ吟ジテ、女ガ唱和スル。上ノ者ガ行ナイ、下ノ者ガ従ウ。コレハ不変ノ理《コトワリ》デアル。

男ガ動カシテモ女ガ応ジナイ。マタ女ガ動カシテモ男ガ応ジナイ。コレダト男ノ体ガ損ナワレルダケデナク、女モオカシクナル。陰陽ガ融和セズ、ヨジレテシマウカラダ。コンノコトヲシテイタラ、ドチラニモヨクナイ。

男ハ左ニ回シ、女ハ右ニ回ス。男ハ突キ下ロシ、女ハ受ケテ持チ上ゲナケレバナラナイ。コウスルト天平地成《ウマクユク》ヨウニナル。

男は天と同じように腰を左に回し、上から突く。女は地と同じように腰を右に回し、受けて持ち上げる。天地陰陽の摂理にかなった動かし方だ。

古川柳研究家、山路閑古《やまじかんこ》氏（一九〇〇―一九七七）は、『医心方夜話』でこう述べている。

これで思い出されるのは、『日本書紀』にある、イザナギ、イザナミの命《みこと》の、天《あめ》の柱《みはしら》の故事で、「約《ち》束《ぎ》りて曰《のたまわ》く、妹は左より巡《めぐ》れ。吾は当《まさ》に右より巡らむとのたまう」の記事で、明らかに男子左転、女子右転の思想が示されている。

『洞玄子《どうげんし》』は唐代の著述だといわれているが、ここの文句が、『日本書紀』に、そのまま採用されているとは思われない。中国には、さらに古くからそういう思想があって、両書は原典を同じうしていると考えてよいであろう。

因《ちな》みに『古事記』にも同じようなことが記されているが、これは男子右転、女子左転として記されている。どうして逆になっているのか、その理由は判然としない。

『古事記』の右転左転については、原典がおかしかったか、あるいは作者が写し間違ったのだろう。写本の時代には、よくあることだ。中国古来の天地陰陽思想を意図的に枉《ま》げて解釈したとは考えられない。

出し入れに話を移す。

『合陰陽』の「十修」の教え。これはこの章の第一節、「反応を見分ける法」の項にあった『天下至道談』の「十修」、交わりの注意十項目とは別である。

一―上ニユク。二―下ニユク。三―左ニユク。四―右ニユク。五―速クユク。六―ユックリユク。七―マレニユク。八―多クユク。九―浅クユク。十―深クユク。

日本の秘語では、〈大腰小腰〉、〈早腰高腰〉、〈右三左三上六下三〉、〈上三下六右七左六〉、〈奥七口四〉、〈右三左三、三浅三深鯉の滝昇り〉、〈尻ののの字〉、〈のぬふ七五三〉、〈円の字、十の字〉などといわれている。

「九状」は、『洞玄子』が教えている腰の技（動きの状態）、九種類だ。

一　勇マシイ武将ガ敵陣ヲ打チ破ルヨウニ、左ヲ攻メ、右ヲ攻メル。

二　野生ノ馬ガ谷川デ跳ネ上ルヨウニ、スリ上ゲ、スリ下ゲル。

三　群ガッタ鷗《カモメ》ガ波間ニ突ッ込ムヨウニ、入レタリ出シタリスル。

四　雀ガ鴉舅《ハゼ》ノ木ノ実ヲ啄《ツイバ》ムヨウニ、トントント突キ、浅ク跳ネルヨウニ挑マセル。
五　大石ヲ海ニ投ゲ込ムヨウニ、深ク突キ、浅ク刺ス。
六　凍《コゴ》エタ蛇ガ穴ニ入リ込ムヨウニ、ユックリ腰ヲ引キ、マタ押シ込ム。
七　驚イタ鼠ガ穴ニ逃ゲ込ムヨウニ、サット突キ、サット刺ス。
八　頭ヲ上ゲテ足ヲカカエコミ、蒼鷹《オオタカ》ガ老獪ナ兎ヲ捕エルヨウニシテ動カス。
九　大キナ帆ガ狂風ニアオラレタヨウニ、急ニ上ニアゲ、バサット落トス。

勇ましい武将になって左三右三で攻撃し、また兎を捕える大鷹になって、円あるいは弧を描く腰技を忘れてはならない。しかし、回転運動は腰にねばりがないと続かない。中医学では、腰の強弱は腎と関係していると考えられている。そしてまた面白いのは、腰の使いようがここでは動物（馬、鷗、雀、蛇、鼠、大鷹）の動きに譬えられていることだ。

『合陰陽』と『洞玄子』が説いている法は、浅深、強弱、緩急を組み合わせ、動きに変化をつける教えである。同じ所ばかり刺激していると、だんだん感覚が麻痺してくる。また体は十人十色で、それぞれ感じ方が異なるから、それを探り出して合わす必要もあるのだ。ここでは指摘されていないが、もう一つ大切なのは、時間の長短である。中国語では「多少」という言葉が使われている。

男女の取り組みは、最初からうまくいくはずがない。はげんでいるうちに、だんだん身についてくるものだ。頭ではなく、体が自然に臨機応変に動くようにならないと本物とはいえない。

九浅一深

『洞玄子』は「天地陰陽之道」をくわしく教えている。

交ワルトキハ、先ズ座リ、ソレカラ女ヲ左ニシテ横ニナル。仰向ケニシテ手足ヲ伸バサセ、上ニナル。

玉茎ヲ玉門ノ口ニ当テガウ。深イ谷間ノ洞ノ前ニ、グイト伸ビ出タ這松《ハイマツ》ノヨウダ。身ヲ寄セ、口ヲ吸イ舌ヲカラマセル。

腹ト乳房ヲ撫デタリ、叩イタリシナガラ、顔ヲ見タリ、金溝《キンコウ》（膣前庭）ヲ見タリシテ様子ヲウカガウ。璿台《センダイ》（陰核）ノ側《ワキ》ヲサワル。男ハ昂ブリ、女ハ乱レテクル。

陽鋒《ヨウホウ》（亀頭）デ上下左右ヲ攻メル。下ヘ玉理《ギョクリ》（膣口の下縁）ヲ突キ、金溝ヲコスリ、辟雍《ヘキヨウ》（大陰唇）ノアタリヲ激シク突イテ、一休ミサセル。ココマデハ外ノ遊ビダ。

丹穴ガ潤ッタラ、陽鋒ヲ奥マデ入レル。女ハ精ヲ泄《モ》ラシ、津液ヲ流ス。上ハ神田《シンデン》（膣前壁と前穹窿）マデ溢レ、下ハ幽谷《ユウコク》（膣後壁と後穹窿）ガ潤《ウルオ》ウ。

女ガヨガリ始メタラ、イッタン絹ノ小布デ拭イテ、再ビ玉茎ヲ深ク入レ、根元ガ陽台《ヨウダイ》（陰核）ニ当タルヨウニスル。深イ谷ニハサマレテ聳エ立ッテイル大キナ石ノヨウダ。

次ハ九浅一深ノ法デ進メル。緩急深浅ヲツケテ上下左右ヲ攻メル。二十一回息ヲシタアタリカラ、女ノ息遣イヲウカガイ、高マッテキタトコロデ突キヲ強メル。女ガ動揺スル様子ヲ見テ緩急ヲカゲンスル。
陽鋒ヲ谷実《コクジツ》（中五寸）マデ入レ、子宮ヲ突ク。
ヤガテ女ハドット津液ヲ漏ラス。男ハ必ズイカナイウチニ抜キ取ラネバナラナイ。イッテカラ出スト体ニヨクナイ。クレグレモ慎ムベキダ。

女を左側に寝かすのは、天（陽・男）は左に回るからだ。男は左に回って女（陰・地）に重なり、上（天）になる。

『黄帝内経』素問（三部九候論）には、「天地ノ深奥ナ数ハ一カラ始マリ、九デ終ワル」と説かれている。

数には規律があり、九までいくとまた一（太極）に戻ってくる。天地がとどこおりなく運行を続けているのはこのためだ。この数に合わすと、人も寿命が延びる。陰陽の調和がとれて、経絡の流れがよくなる。栄養がゆきわたり抵抗力が強まる。気血が補われ、臓腑の動きが活発になる。

九浅一深の数は、「天地陰陽の道」に合った法なのだ。中国の房中長生術では、さらに「浅内徐動」が重視されている。陰陽の二気は、琴絃（中一寸）と麦歯（中二寸）の間で交感しやすいと考えられているからだ。

『天地陰陽交歓大楽賦』には、こう記されている。

素女ガ言ッタ。「一寸入ッタ所ハ琴絃、五寸ノ所ハ谷実トイイマス。谷実ヨリ奥へ入レルト死ニマス」

九浅一深は、ただ単に九回浅く、そして一回深くと教えているのではない。九回浅く入れて陰陽を交感し、深く入れて一（太極）に戻す。房中気功導引術に基づいた「九一採戦」という法なのだ。『玉房秘訣』の中で巫子都は具体的に説明している。一深のとき女の息をゆっくり三回吸い込んで腹へ送り、陰茎を強めるのだ。（次項「奇数為陽　偶数為陰」を参照）

先程紹介した『洞玄子』の「天地陰陽之道」の中に、「二十一回息ヲシタアタリカラ、女ガ気ヲ出シ入レサセルノヲ窺イ」という教えがあった。実を言うと意味がはっきりしないのだが、二十一回というのは、この三回息を吸い込むのを七回繰り返す、すなわち九浅一深を七回行なったあたりからという意味ではないだろうか。

九浅一深の法も天地の数の規律にのっとり、九回で終わりになる。九×九、八十一浅、一×九、九深、合計九十回の抜き差しになるのだ。九浅一深を七回繰り返したあたりから、女も徐々に高まってくる。それを見極めよと教えているようだ。

そして女が津液を出しても一緒にいってはならない。房中長生術では、「浅内徐動」と同様に

「弱入強出」が重視されているからだ。出してしまったら養生にならない。女の陰気を採って強めたところで抜いてしまう。強めた精力は次回のために温存しておかなければならないのだ。『洞玄子』の説いている「天地陰陽之道」に基づいた房中術は、健康と長寿を目指す性修煉なのである。

さらにまた、現存する性医学最古の文献だといわれている房中術書のなかの『合陰陽』も、「十動」と「十巳」を教えている。
十回出し入れすることを一動という。十動とは、即ち、百回出し入れしてもいかないことだ。

十動

一動――目ト耳ガヨクナル。
二動――声ニ張リガ出ル。
三動――肌ノ艶ガヨクナル。
四動――背筋ガシャントスル。
五動――足腰ガシッカリスル。
六動――血ノ周《メグ》リガヨクナル。
七動――身体ガシッカリシテ強クナル。
八動――肌ガ輝イテクル。

九動――頭ガシッカリスル。
十動――房中養生長生ノ道ガ達成サレル。

「十已」の已は、してしまうという意味だ。一已は一動と同じで、十回動かしていかないこと。そして十已まで続けると、女の中に十種類の生理的変化が現われると教えている。

十已

一已――爽ヤカナ感触。
二已――骨ヲ焼イタヨウナ匂イガスル。
三已――焦ゲ臭イ匂イガスル。
四已――薄イ油デツルツルスルヨウナ感触ガスル。
五已――米ノヨウナ匂イガスル。
六已――ツルツル滑ル感触。
七已――ヌルヌルベトツク感触ニナル。
八已――脂《アブラ》ガ固マッテキタヨウナ感触。
九已――ネバリツクヨウナ感触。
十已――肉デ包ミ込マレタヨウナ感触ニナル。

「十已」では興奮の度合いにつれて変化する女の内部の感触が、生理学的に詳細に分析されている。その中に匂いも含まれているのは、昔の人のほうが匂いに敏感だったからに違いない。

奇数為陽　偶数為陰

中国の房中長生術では、奇数がよく使われている。九浅一深、左三右三、そして九状などもそうだ。九浅一深は、九一の法、あるいは九九の法（道）ともいわれている。これにはわけがある。昔の中国人は、一、三、五、七、九などの奇数は、自然の中の主導的な力、雄とその能力、即ち陽剛の気を、そして二、四、六、八などの偶数は被動的な力、雌とその生育能力、すなわち陰柔の気を表わすと考えていた。

陰陽の二元を組み合わせた六十四卦によって、自然と人生の変化の道理を解説した天下の奇書『易経』は、陰陽二元を⚋と⚊で表わしている。そしてこの二つの爻《こう》は、女と男の性器の記号だという説が有力視されている。

⚊と⚋を三つずつ組み合わせると、八種類の卦ができる。⚊を三つ重ねると乾《けん》の卦☰に、⚋だと坤《こん》の卦☷になる。「乾天坤地」、「乾夫坤妻」などといわれ、乾は天・男など陽剛の気、坤は地・女など陰柔の気の象徴である。

陰（⚋）は二、陽（⚊）は三だ。一だと乗除しても変化しないので、奇数の基本数は三とされた。また万物に新しい命が蘇る一月は三陽の月だということもある。そして偶数は陰、奇数は陽である。坤（☷）は二×三、六で陰の気が一番強い。乾（☰）は三×三、九で陽の気が一番強い。

三は男の強い力を表わしている。三倍して九になると、さらに力は増大する。そして三と九を掛けあわせると二十七、九と九だと八十一になり、これが最高だ。

『玉房秘訣』の中で、古代房中家、巫子都《ふしと》はこう教えている。

陰陽ノ道デハ、精液ハ貴重ダ。コレヲ大切ニ出来タラ、命モ長ク保テル。施瀉《シャセイ》シタトキハ、女ノ気ヲ取ッテ補ウヨウニスル。

復建九（陽精を回復させる）トイウノハ、息ヲ九回吸ウコトダ。圧一（一回圧《お》さえる）ハ、左手デ玉茎ノ下部ヲ圧サエ、精ヲ還《カエ》シテ液ニ戻スコトダ。取気（気を取る）トイウノハ、九浅一深ノ一深ノトキ口ヲ女ノ口ニ当テ、吐ク二炁《キ》（女の気）ヲ吸イ、少シズツ静カニ喉ヘ送リ込ム。ソシテ自身ノ気ニ変エ、意念デ下ヘオロス。腹ヘ導キ、玉茎ヲ助ケテ力ヲ強メル。コレヲ二回繰リ返シテカラ、少シ出シテ浅クスル。同ジヨウニ九浅一深ヲ続ケ、九九・八十一ニ達シタラ止メル。陽数ガ満チタカラダ。玉茎ハ堅クナッテイルカラ、ソノママ出ス。力ガナククナッタラ入レル。コレガ弱入強出デアル。

陰陽ガ調和スルノハ、琴絃（中一寸）ト麦歯（中二寸）ノ間ダ。陽ハ昆石（中四寸）マデ入レルト、スグイキソウニナル。陰ハ琴絃ト麦歯ノ間ガ感ジヤスイ、浅イト気ガ得ラレルガ、深イト散ッテシマウ。

穀実《コクジツ》（中五寸）バカリ突クト、肝ヲ傷メ、風邪《フウジヤ》ニヤラレテ涙ガ出テ、尿ガ残ルヨウニナル。臭鼠（中三寸）ダト肺ヲ傷メ、咳込ンデ、腰ヤ背中ガ痛ム。昆石（中四寸）ダト脾ヲ傷メル。腹ガ張リ、臭イ息ガ出ル。ヨク下痢ヲシテ、股ガ痛ム。百病ノ元ハ昆石ナノダ。

交接デ体ヲ傷メルコトニナルカラ、交ワルトキハ、奥バカリ突カナイヨウニスル。

性科学者、医学博士の笠井寛司氏は『幸せの性革命』の中で、Gスポットについて触れている。

一九五〇年、ドイツの性科学者、エルンスト・グレーフェンブルグは、Gスポットの存在を指摘する論文を発表した。

「膣内には、きわめて敏感に性感を感受する部分があり、そこに刺激が加わると膨らみを示し、さらにオーガズムに達すると膣入口から粘液質の分泌液を噴出する。一種の射精反応が起きる」

この部位は、膣中三分の一、皺が寄った所にある。そして発表者グレーフェンベルグの頭文字を取り、Gスポットと名付けられた。

一九八〇年になり、この説は再び学界の注目を浴びる。米・テキサスで開催された性科学研究会で、ペリーとウイップルの両博士が、Gスポットの存在を認める特別講演を行なったからだ。

しかし、それでも正式に認知されたとはいい難い現状だそうだが、この説は昔の中国の房中家、巫子都、素女、洞玄子などの教えとよく似ていないだろうか——陰陽ガ調和スルノハ、琴絃ト麦歯ノ間ダ。陰ハ琴絃ト麦歯ノ間ガ感ジヤスイ。浅ク入レルノガヨイ。

また「一種の射精反応」については、性心理学者、張競生《ちょうきょうせい》（一八八八—一九七〇）が、世界初の体験レポート、『性史』第一集（一九二六年）で指摘している「第三種水」の説とよく似ている。張競生は、女性が分泌する液を三種類に分けている。一、陰核から出る香液。二、膣壁から出る液。三、バルトリン液。

この第三番目の液（第三種水）は、膣口にある腺から分泌される。絶頂感を覚えるようになった女性が満足したとき排出する。

さきほどの『玉房秘訣』のなかに出ていた「風邪」というのは、病気をもたらすと考えられている邪気、六淫の一つだ。他の五つは、寒・熱・湿・燥・火である。肝をやられると涙が出るというのは、中医学で肝は目を司《つかさど》る臓器、即ち肝気が目に通っているからだ。

後世の律令の手本にされた『周礼《しゅらい》』（撰者不詳、春秋時代）の「天官冢宰《ちょうさい》（中央工室の長官）」に、後宮の粉黛《ふんたい》（女）の数が規定されている。

皇后一、夫人三、嬪九、世婦二十七、女御八十一。これも明らかに、乾坤に基づいた陽剛の数であることが分かる。

また易では、一二三四五を生数、六七八九十を成数と呼んでいる。数を生む母体が生数、生まれた数が成数だ。生数のそれぞれに五を加えると成数が生まれる。生数の中から天の数（奇数）

一三五を合算すると九、地の数（偶数）二四を合わせると六になる。陽の九、陰の六が得られるのだ。それで乾卦（䷀）の爻は、下から初九、九二、九三、九四、九五、上九、坤卦（䷁）は同じように初六、六二、六三、六四、六五、上六と呼ばれている。

そしてまた性器も、男は九、女は六で表わされる。古代の中国人にとって数は単なる抽象的なものではなく、天地の神秘的な力を秘めた生きものだったのだ。言霊《ことだま》と同じように、数にも不思議な力が宿っていたことが分かる。

日本には、七浅九深、八浅九深、八深六浅一深、九浅三深、九深三浅、百浅百深などさまざまな深浅技法がある。養生長生理論に基づいておらず、どうでもいいのだから、九浅一深にまねて適当に数字を入れ替えただけのようだ。冷静に数など数えていたら楽しくないというわけだ。九浅一深、左三右三こそ天の理にかなった天地陰陽の道なのだ。

中国には昔から膣の中を分けた名称があった。膣口は中極、中一寸は琴絃、中二寸は麦歯、中三寸は嬰女・臭鼠、中四寸は昆石、中五寸は谷実である。

しかし日本には、昔も今もこまかい名称はない。これから判断しても、中国の房中長生法が、日本では根付かなかったことが分かる。漢民族と大和民族の違いかもしれない。

日本の婚礼の三三九度の杯は、ひょっとしたら「奇数為陽」とする陽剛の数と関係があるのかもしれない。清めの酒を飲み、うまく結ばれますようにと数の持つ神秘的な力に祈る儀式ではないだろうか。そしてまた、最近問題になってきている道教と日本神道とのつながりという視点から見ると、これも日本人の生活に深くとけこんだ道教文化の一つではないだろうか。

五　閉精守一

還精補脳之道

「閉精」は玉閉、固精ともいわれ、接して洩らさずということだ。持続時間を長引かすだけでなく、最後まで洩らさない房中気功の法。そして「還精補脳」というのは、止めた精をさらに意念(存想)と内視と呼吸の法で督脈を通して脳に上げて養分にし、健康と長寿の源にするということである。

『養性延命録』は、男は還暦になったら房事を絶ち、精を閉じて腎気を養うとよいとし、『千金要方』は、男は六十になったら、精は閉ざして洩らしてはいけないと教えている。

年齢のいかんにかかわらず、むやみに精を出していたら、神(心)を損うようになる。精・気・神のなかで最も大切なのは精なのだ。「守一」は意念を体の一部分に集め、心の目で見て精を守り「守気守神、静身存神」を目指す術だ。精を閉じたら、神・気が養えるのである。

『玉房指要』にこう記されている。

『仙経』ノ秘伝――動カシテイテ、イキソウニナッタラ、左手ノ真ン中ノ指二本デ、素早ク金玉ト肛門ノ間ヲ押サエ、出ソウニナッテイル精ヲ止メル。

ユックリ息ヲハキナガラ、数十回歯ヲ嚙ミ締メ、息ハソノママニシテ気ヲ抜イテモ、精ハ飛ビ出サズ、上ニアガッテ脳ニ入ル。

またもう一つの方法を教えている。

養生ノタメニ交ワッテイルノニ、イキソウニナッテシマッタラ、目ヲ開イテ瞳ヲ上ニ向ケ、左右上下ヲ見ナガラ下半身ヲ縮メテ、息ヲ止メル。イキソウニナッテモ、自然ニオサマル。イクノハ、一月二回、一年二十四回ガイイ。長生キデキル。顔色モヨク、病気ニナラナイ。

「閉精守一」は、房中長生の基本的原則である。

精液は、精気が濃縮されて液化した物質とされている。重要な生命の源なのだ。人が誕生するときは、まず最初に陰陽の気が一つになり、脳髄が生ずると考えられている。

明の時代の有名な薬物学家、李時珍（一五一八―一五九三）は、「脳髄は元神の府」だといっている。父母からもらった元神（心）が宿っているというのだ。元神の活動を高めるためには、常に養分の補給が必要だ。房中煉養を心掛けている人は、元気を脳の上丹田に集めたり、下丹田の精気を脳に意念で引き上げたり、還精補脳したりする。精は大脳の栄養になると考えられている。

精も神も、体にとって大切な宝だ。働きがにぶると体がおかしくなる。そのことを私たちは、「元気がない」という。中国では、「没有精神《メイヨウチインシエン》（精と神がない）」といっている。また顔色は「気色《チイスオ》」だ。中医学の生理観は、そのまま日常用語になり、根付いてしまっているのだ。

江戸前期の儒学者で本草家の貝原益軒《かいばらえきけん》（一六三〇—一七一四）は、『養生訓』巻之四、飲食下「慎色欲」の中でこう教えている。

「精気をつひやし、元気をへらすは、寿命をみじかくする本なり。おそるべし、年若き時より、男女の欲ふかくして精気を多くへらしたる人は、生れつきさかんなれども、下の元気すくなくなり、五臓の根本よわくして、かならず短命なり。つゝしむべし。飲食男女は、人の大欲なり。縦《ほしいまま》になりやすき故、此の二事、尤《もっとも》かたく慎しむべし」

これに続いて唐、孫思《そんし》邈《ばく》の『千金要方』（『医心方』房内部にある）から、年齢別施瀉回数（この節の「施瀉日時・方法」の項を参照）を引用し、その後に「わかくさかんなる人も、もし能く忍びて一月に二度もらして欲念おこらずば、長生なるべし」と付け加えている。

『養生訓』のこの部分は、中国の房中長生理論に基づいて書かれている。当時、「精気」、「元気」などは、耳新しい言葉だったのではないだろうか。今では、すっかり日本語に溶け込んでいるが。

しかし、房中長生理論でいう精と気は別の物である。そして元気といえば、父母からもらった先天の気のことだ。

体の中には、二つの気がある。一つは元気、もう一つは後天的な気、すなわち体の中に吸い込んで摂り入れる天の気（空気）と、大地で育った食物から摂る地の気である。体内で先天の精・気・神ほど大切な物はなく、三宝だといわれている。その中でも精が最も重要で、少なくなれば、病気になり、尽きたら死ぬ。詳しいことは第二章「房中長生理論」の「精・気・神が人体を動かす」の項を参照していただきたい。

貝原益軒の教え「接して洩らさず」は、「還精補脳之道」につながっている。源は、はるか昔、中国の房中長生術にある。しかし、『養生訓』は「還精補脳」には触れていない。またさらに遡ること平安中期に編纂された『医心方』房内部にも、精・気・神など房中長生の基礎理論は見当たらない。おそらく道教の房中養生長生術は難解で、取っ付きにくかったことも要因の一つだったと思われる。

『玉房指要』は、またこういっている。

一日ニ数十回交ワッテ、イカズニオラレタラ、イロイロナ病気モ治リ、長生キ出来ル。数々《シバシバ》女ヲ変エルト体ニイイ。一晩二十人以上相手ニ出来タラ最高ダ。

還精補脳の効果は、数が多いほど高まるというのだ。しかし、この教えは、一晩に何人もの若い女を自由にできる皇帝へのものだったということを念頭に置いておく必要がある。こんなことができる男は、数が少ない。また皇帝は、世継ぎを残す重要な問題を抱えていた。精を活発にしておく必要もあったに相違ない。

それはそれとして、道家の房中長生理論では、数多く接して少なく洩らすのがいいとされている。還精補脳の回数が増すからだ。そしてまた、女の精気は若いほうが強い。黄帝が千二百人の女と交わって羽化登仙したという伝説も、これと関係があるのだ。

しかし現代西洋医学の立場からいうと、射精しなかったら精液は膀胱に入り、尿と共に排出されてしまうことになる。また長い間射精せずにいると、神経過敏症を誘発するともいわれている。

確かに還精補脳の効果は、科学的に実証されていない。そうだからといって、単なる幻術にすぎないと断言できるだろうか。瑜伽《ヨガ》の行者は、括約筋どころか、腹部などの不随意筋も気功導引によって随意筋に変え、動かすことができる。還精補脳も同じように気の生理学だ。

金玉と肛門の間を指圧するだけでなく、深呼吸をして腹をへこめ、同時に肛門を締める。更に意念と心の目で、背骨に沿った督脈を通して精を大脳（髄海）へ引き上げる。「六字延生訣」（この節の「六字延生訣」の項を参照）も教えているように、西洋医学がいう、膀胱に残る精液は滓《かす》（濁）にすぎず、真気（清）は吸い上げられて脳の養分になると考えることもできる。

体の中には目に見えない空《くう》の生命エネルギー（精・気・神）があることを忘れてはならない。この空の要素の中の気の解明は、還精補脳、すなわち生殖腺と脳内分泌の関連も含め、心の時代になるだろうといわれている二十一世紀の大きな課題の一つである。宗教と並んで、気の生理学に対する関心は、今後ますます高まってゆくことが予測できる。

無極と色即是空

性科学者、笠井寛司氏はその著『日本女性の外性器——統計学的形態論』で、興奮すると女性の陰毛は立つといっている。

中国には、陰毛は性交時にこすれあって電気のような波動を出すという説がある。体内で男女の陰陽の気が結びつきやすくなるような、何か補助的な作用がある。そして陰毛がこすれあって陰陽の気が一つになると、子宮に吸い込まれて胎児の芯が出来るのではないだろうか。

これは精が一つになる人間の誕生と関係のある気だが、死後の気（魂）にも思い当たることがある。仏教の説によると、死んで七日間魂は行き先にとまどい空間をさまよっているという。初七日といわれる期間だ。その時、根源の光明、輝きが現われる。光には赤、緑、白などいくつかの色があり、選んだ光の導きによって行き先、即ち六道の輪廻転生か極楽浄土かが決まるというのだ。

数年前、マスコミを騒がしたテレビ・アニメ「ポケットモンスター」も光と関係があった。夢中になってテレビを見ていた子供たちが、画像から放射された光のような物に当たって、気分が悪くなったり、けいれんしたり、意識を失なったりしたのだ。気は電波と似たような波動で空(見えない）だが、光になって見えるときがあるのかもしれない。そして力を持っている。

このところ再認識されている気は今後の課題だが、体の中に宇宙の根源につながる陰陽の目に見えない気があるという説は、道教の祖、老子の「道《タオ》」の思想は勿論のこと、仏教の空観とも似ていて面白い。

色即是空　空即是色
受想行識　亦復如是

『般若心経』の有名な句だ。

色は感覚でとらえることができる客観世界、物質的現象のすべて、万物のことだ。肉体も含まれている。「万物ハ空ダ。空ガ万物ナノダ。感知シテ判断シ、ヤッテミテ再認識スル。コレモマタ空デアル」という仏教の教えだ。

人は色（肉体）を持ち、精神活動にともなう行動をして活きている。人間のこの構成要素、色と受・想・行・識を、仏教思想では五蘊《ごうん》（集まったもの。梵語 skandha の訳）といっている。五蘊もまたみな空なのだ。

『般若心経』は、正式には『摩訶般若波羅蜜多心経』といい、二百六十二文字の短い経典だが、大乗仏教の根本原理、空の哲学が要約されているといわれている。「般若《パンニャー》」はインド・パーリ語で知恵、「波羅蜜多《パーラミター》」は梵語で彼岸に到るという意味だ。知恵で心を彼岸に渡す、悟りへの道を説いた経典である。

宋の周敦頤《しゅうとんい》は『太極図説』でこういっている――陰陽と五行の精が妙合して凝《かた》まり、万物が化生する。そして無限に変化してゆく。五行は陰陽から生じ、陰陽は太極から生じる。太極の本は無極、一、真である（第二章の「天地陰陽交合の道」の項を参照）。

五行は固定した物ではない。流動の気が集まって形（体）になり、凝《かた》まっているだけだ。陰陽も五官で感知できない空のエネルギー（気）である。そしてまた房中養生長生理論の精・気・神も体内の空の部分、生命エネルギーだ。『易経』は体は「道の器」にしかすぎないと教えている。そしてまた『易経』に基づいた道教・儒教思想とインドの仏教思想は、無極と色即是空でつながっている。五蘊皆空、心（神）も空なのだ。時が流れ変化して消滅するから空なのではない。色即是《そのまま》空なのだ。

「色」の字は、かがんでいる女の上に男が体を擦り寄せて交わっている格好から出来ている。色をこの本来の意味で解釈できないこともない。陰陽の気（空）から生まれたから空なのだ。そして空を認識できるようになったら、生は今しかないことが分かってくるという。

三五七九交接之道

これは三世紀、中国南方、江南地方の初期道教、天師道秘伝の房中術だ。馬王堆漢墓から出土した房中経典、そしてまた『素女経』や『玄女経』にも見られない、天師道独自の秘術である。天師道の経典『黄書』は散佚してしまい現存しないから、この術の実体は分からない。しかし、明の徐春甫《じょしゅんほ》は『古今医統大全』巻八十四「螽斯広育（キリギリスハ子ダクサン）」で、こう説明している。

春夏秋冬ヲ四季トイイ、更ニコマカク二十四節気ニ分ケテアル。コノ周期デ物ハ死ニ、マタ新シイ命ヲ蘇《ヨミガエ》ラセル。三五七九デ機会ヲ逃サズ引キ込ミ、吸イ上ゲテ巧ミニ気ヲ採《ト》ル。終ワリマデイッタラ、マタ最初カラ始メル。天ノ理ニカナッテイルカラダ。

この房中長生術は、女の精気を採る法だ。

三五七九は陽数（奇数）である。交わるとき、一から始めてこれらの数になったところで深く入れ、鼻で女の息（気）を吸う。そして首をすくめ、肩を持ち上げ、陰茎で女の精気を引き込んで採る。終わったら、また最初から始める。九になったら再び一に戻し、同じ要領で進めたらいい。

天は三百六十日で一周する（中国暦は太陰太陽暦だった）。三五七九を合計すると二十四になり、二十四節気と数が合う。交わるとき、男はまず仰向け（地）になって六回（陰〔偶〕数）行なう。出し入れは毎回二十四で、計百四十四になる。

次は上（天）になり九回（陽数）行なう。出し入れは二百十六になる。最初の数と合わせると三百六十になって、天が一周する日数と同じになる。仙人でないと悟れない妙理なのだ。最初は仰向けになり、続いて上になれば、天地が入れ替わる。男女が上下に位置を替え、重なり合って精気を施す道である。

徐春甫はこのように説明しているが、まだ具体性に欠ける。三では玉茎に気を集め、三回女の精気を引き込み、五では五回、七では七回と順次回数を増やしていく法ではないだろうか。

黄赤之道

これも同じように天師道の秘術だ。

南北朝、北周（六世紀）の有名な数学家、若い頃は道士、後半生は仏教徒に改宗した甄鸞《しんらん》が、道教を批判して書いた「笑道論」という論文がある。北周の武帝（在位五六〇―五七八）が道教を信奉しないよう諭したのだ。

「笑道論」は、唐、道宣《どうせん》和尚『広弘明集』のなかに編纂されている。こんな一節がある。

真人、姦淫ノ儀式。男女ハ月ノ一日ト十五日ニナル前、三日間斎戒スル。当日ニナルト密室ニ入リ、道士タチノ教エニ従イ、日夜ニワタリ陰陽ヲ交エル。猥雑キワマリナク、全ク話ニナラナイ。

〈真人〉道教の奥義を極めた人。

「黄赤之道」は混気の法だといわれている。混気は合気ともいい、男女が交わるとき気功導引を使って、陰陽の気を一つにする術である。中気真術ともいわれ、天師道では二人だけの修煉ではなく、集団宗教儀式だった。

合気の神秘的な儀式は、三日間斎戒した後、新月と満月の夜、道士の指導に基づいて舞踏から始まったという。入教する男は、妻と離婚して、きれいな若い女道士と修煉するようになるのだ。目的は煉養長生と災厄皆除にあったといわれている。「三五七九交接之道」が主体になっていたのに違いない。

しかし、男女が入り交じって乱交を行なうこの儀式には、「笑道論」以外にも批判的な意見が数多く残っている。

六字延生訣

明、洪基《こうき》が『摂生総要』種子秘剖で教えている房中気功導引法。

一　存

交ワルトキ心ヲ外《ホカ》へ移シテ、夢中ニナラナイヨウニスル。体デ交ワリ、神デハ交ワラナイ。夢中ニナッテ神モ交ワッタラ、精ハスグ泄《モ》レテシマウ。冷静ニシテオラレタラ、泄レテモ濁ダケデ清ハ残ル。出ソウニナッタラ、グット脇腹ニ力ヲ入レテ息ヲ止メル。シバラクソノママニシテイルト泄レナクナル。

左右ノ腎ノ間ハ一デ神、命門ハ精ノ根
飛ビ出サナイヨウニグットコラエ
トコトン守ッテ門ヲ閉ザス

二 縮

交ワルトキ気ヲ抑エテ引キ上ゲ、下ヘ行カナイヨウニスル。ソノママニシテイルト泄レテシマウ。大・小便ヲコラエルヨウニシテ、霊柯《インケイ》（霊なる茎）ヲ徐々ニ引ッ込メテ、少シズツ息ヲ吐キ、女ノ舌ヲ吸ッテ津液《ツバ》ヲ飲ム。抱キ締メテ女ノ息ヲ少シ吸イ、丹田ニ運ビ霊柯ニ導ク。三回カラ五回、或ハ七回繰リ返スト亀ハダンダンシッカリシテキテ泄レナクナル。

元精ガ飛ビ出シソウニナッタラコラエ
手足ヲ釘抜キヤ鉤《カギ》ノヨウニ曲ゲ
目ヲ上ニ向ケテ玉茎ヲ引キ込ム
猿ノヨウニ首ヲスクメテ体ヲ縮メル

三 抽

ユックリ進メル。慌テテハイケナイ。少シ抽《ヒ》キ出シテ津液《シンエキ》ヲ採《ト》ル。女ノ鼻息ヲ鼻デ吸ウ。アエグマデ待チ、素早ク吸ッテ咽《ノ》ム。口デ吸ッテハナラナイ。脳ヲ傷メル。抽イテタクサン吸イ採レバ、玉茎ハヒトリデニ堅クナル。神気ガ溜ッテキテ、サラニ堅クナル。

炉《インモン》ニ入レ用心シテ動カス
一深九浅　数ヲ忘レズ
ジワット入レテサット出セバ奪エル
精ガ付キ髄ガ補ワレテ丹田ガ強クナル

四　吸

管デ空気ヲ吸イ取ルヨウニ、玉茎デ女ノ津液ヲ吸イ採ル。採ルトキハ、鼻デ女ノ気ヲ吸イナガラ、玉茎デ陰精ヲ吸イ込ム。玉茎ノ管ニ意念（存想）ヲ凝ラシ、鼻ト同時ニ吸ウ。交互ニ吸ッテハナラナイ。管デ水ヲ吸イ上ゲル要領デ続ケテイルト、口ノ中ニ津液《ツバ》ガ出テクルカラ咽《ノ》ミ込ム。顔色ハヨクナリ、神気ガ溢レテクル。

華池ノ玉津液ヲ採リ
心ガ高マッテイルウチニ素早ク霊根ヲ引キ込メル
サット緊張ヲホグシテ徐々ニ出ス
吸ッテ奪イ採リ万世ノ春ヲ祝ウ

五　閉

動カストキ口ヲ開ケテ気ヲ出シテハイケナイ。口ハ元門デアル。下ノ命門ニツナガッテイル。口ヲシッカリ閉メテイナイト、神ガナクナリ気ガ敗《マ》ケテ、精ガ泄レヤスクナル。マタ功《ワザ》ヲ使ウトキハ、コレマデノ五字ノ法ヲ互イニ働カセ、一ツモナイガシロニシテハイケナイ。セシ「存」ト

「縮」ヲ忘レタラ、功ハキカナクナル。「抽」ト「吸」ヲオロソカニシタラ、大切ナ物ヲ得ラレナクナル。四ツノ功ヲ使イコナスノハ難シイ。焦ラズニ閉固シナイト、一度得テモ失ナッテシマイ、命ヲ長ク保ツ事ハ出来ナイ。閉メテ開カナイヨウニスレバ、五字ノ不思議ナ力ガ分カルヨウニナル。

精ハ霊根《インケイ》ヲ養イ気ハ神ヲ養ウ
元陽ヲ出サズニ真ヲ得ル
丹田ヲ養エバ千金ノ宝
万両ノ黄金ヲ与エテハナラナイ

六　展

コレハ兵ヲ指揮シテ馬ヲ乗リコナス事デアル。兵ヲ動カス法ヲ使イコナセズ、マタ馬ガ暴レテ乗リコナセナイヨウデハ話ニナラナイ。男女ノ交媾ハ両軍ノ将ガ戦ウヨウナモノダ。女ハ戦ワズニ勝ツヨウニデキテイル。男ノ出方ヲジッット待ッテ手ヲ使ウ。男ハ女ガ股ヲ開イテ牝戸ヲ見セルト、動顚シテシマウ。コレデハ戦ワズニ負ケテイルヨウナモノダ。霊亀ノ頭ヲ明ルイ鏡ノヨウニ光ラセ、炉ニ入レテ動カシタト思ッタラ、数回ノ手合セデ負ケテシマウ。恐ラク兵ヲ指揮スル法モ、馬ヲ操ル法モ教ワッタ事ガナイノダロウ。モシ教ワッテイタラ、霊亀ハ自然ニ堅ク、太ク熱クシャントシテイテ逞《タクマ》シイ。ツワモノハ交ワリ戦ウ事ヲ恐レナイ。

三峰採戦房中妙術妙訣

明の洪基が、『摂生総要』種子秘剖で教えている房中秘術。「閉精守一」の重要性が説かれている。

陰陽ノ交ワリハ道《タオ》（自然の法則）ダカラ、好色ノ心ハ誰ニデモアル。交ワル時、玉茎ハイキリ立チ、膣ヲ圧迫シテ奥ニモ当タリ、一晩中、イカナイヨウデナイト駄目ダ。ソウデナイト、女ノ身心ヲトロケサセテ、イキツク所マデイク事ハ出来ナイ。モシイキソウニナッタラ、秘伝ノ奥ノ手ヲ使イ、グットコラエテ出シテハナラナイ。ソウスレバ、気デ気ヲ補イ、人デ人ヲ補エルカラ、女ヲ十人相手ニ出来ル。

女（鼎）ヲ抱ク時、マズ甘イ言葉デ心ヲ動カシ、次ニ三峰カラ採ッテ情ガ移ルヨウニスル。三峰トイウノハ、上ノ舌、中ノ乳、下ノ牝戸ダ。採取ハ情ガ動イテ高マルマデ待ツ。潤イ溢《アフ》レテキタラ、淫情ガ動イテイル。ソット優シク抱キ寄セ、口ヲ閉ジテ歯ヲカミシメテ気ヲ散ラス。心ヲ静メテユックリ当テガイ、亀ヲ炉ニ入レ九浅一深ノ法デ進メル。

秘訣ニイウ――アクマデユックリススメ、ユックリ採ッテ、女ノ淫情ヲ高メル。息使イガ荒クナリ、声ヲタテル。力ガ抜ケテ、物ヲ言ワナクナル。酔ッタヨウナ目ニナリ、顔ガ赤味ヲ帯ビテクル。視力、聴力ガニブル。耳ト舌ノ先ガ冷タクナル。訳ノ分カラナイコトヲ口走ル。鼻孔ガ広ガル。陰戸ガ開ク。燃エテキタ証拠ダ。

コウナッタラ、浅イ所ヲ攻メ、タマニ深ク攻メルヨウニスル。浅イト陽、深イト陰ニ分《ブ》ガアル。浅イト負ケズニスム。深イトイッテシマウカラ、注意スベキダ。

ジワジワ進メ、入レルトキハユックリシ、出ストキハ速メル。焦ッテハナラナイ。息ガ切レルヨウデハイケナイ。長引ク時ハ少シ休ミ、体ガ元ヘ戻ッテカラ再ビ腰ヲ動カス。モシイキソウニナッタラ、素早ク半バマデ抜クカ、外ニ出シテシマウ。急イデイッテハ駄目ダ。

秘訣ノ歌ガアル。

口ヲ閉ジ歯ヲカミシメ目ヲ上ニシテ頭ノ天辺《テッペン》ヲ見ナガラ
鼻デキレイナ空気ヲ吸イ込ミ金井（女の精気）ヲ引キ上ゲル
手ヲ握リシメテ猿ノヨウニ足ノ先ヲ反《ソ》ラシテ鉤《カギ》型ニスルト
玄珠（丹になる精気）ハヒトリデニ崑崙（頭）ノ頂ニ上ッテユク

シバラクコウシテイルト、出カカッテイタ精ハ、自然ニ元ヘ戻ル。少シ休ミ、気持ガ静マルノヲ待ッテ、モウ一度前ノ要領デ出シ入レヲ続ケル。浅イ所ヲ攻メ、タマニ奥マデ入レル。ジワッ卜入レテ、サット出ス。

コウスルト玉茎ハ、イクラ続ケテモ軟ラカクナラナイ。タトエイッテモ、清冷ノ水ガ少シ出ルダケダカラ、体ヲ傷メル事ハナイ。

秘訣ノ歌ガアル。

出シ入レハドウデモイイヨウダガ
入レル時ハ弱ク　出ス時ハ強クスルトイイ
口ヲ閉ジテ他ノ事ヲ頭ニ浮カベ
無理セズ　焦ラズニ腰ヲ使ウベキダ

最初にあった「三峰カラ採ル」というのは、女の口を吸って唾を、また乳首を吸って乳汁を、それから陰茎で膣内分泌液と陰気を吸い採ることだ。体から出る液（津液）は、みな気が液化した物質である。精力がつき、不老長生の薬になる。

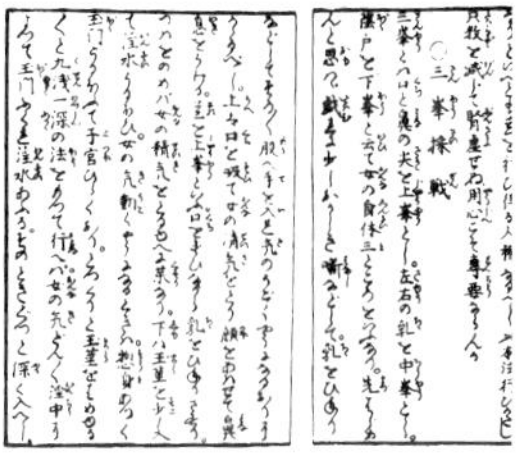

三峰採戦（『枕文庫』より）

施瀉日時・方法

中国の房中長生術は、接して洩らすなとは教えていない。過度におちいらないようにして、できるだけ洩らすなと注意しているのだ。性の交わりは「天地陰陽之道」だから、行なわないと陰陽の交流が途絶え、体によくない。道教は房中の快楽を肯定も否定もしていない。「房中ハ情性ノ極《キワミ》、至道ノ際《キワ》」（『漢書』芸文志）なのだ。快楽に耽溺したら短命になると諭しているだけのことである。

施瀉（射精）回数は、年齢、体質、また季節によって変わってくる。四季の変化によって、陰陽の気の量が異なるからだ。天地に陰陽の気が満ちていないと、人体の陰陽も交わらない。「天人合一」、「天人感応」だから人と自然は一体で、影響を常に受けているのだ。

『玉房秘訣』の中で、素女はこう教えている。

性欲はまちまちで強弱があり、年齢によっても差がある。各人の気力に応じて、やり過ぎないようにする。無理をすると体を損ねる。男、十五歳、強い者は一日に二回でもかまわない。弱い者は一日に一回。二十代、同じ。三十代、強い者、一日一回。弱い者、二日に一回。四十代、強い者、三日に一回。弱い者、四日に一回。五十代、強い者、五日に一回。弱い者、十日に一回。六十代、元気な者、十日に一回。弱い者、二十日に一回。七十代、元気な者、三十日に一回。弱い者は射精してはならない。

季節に応じた施瀉の回数を、『養生要集』（著者、成立年代不詳）のなかで、道士、劉京《りゅうけい》はこう教えている。ただし、これも交接の回数ではない。

春は三日に一度、夏と秋は一月に二回。冬は洩らしてはいけない。冬は陽気を蓄えるのが、天の理だ。これに倣うことができたら、長生きが可能だ。冬の一回は、春の百回の射精に当たる。

中国古代の陰陽五行思想に基づいた医学書、『黄帝内経』四気調神大論はこう説いている。

春は発生の季節、万物は芽生える。夏は生長の季節、陰陽の気は盛んに交流し、万物は生長する。秋は収斂《しゅうれん》の季節、万物は成熟して収穫される。冬は閉蔵の季節、万物の生気は閉じこもる。
『千金要方』は、施瀉回数をこう教えている。
一月に二回、一年に二十四回洩らしてもいい。二十代は四日に一回。三十代は八日に一回。四十代は十六日に一回。五十代は二十日に一回。六十代は洩らさないようにする。しかし、体が丈夫なら一月に一回はいい。

江戸中期の俳人で戯作《げさく》者だった西村定雅《にしむらていが》（一七四四―一八二七）がまとめたといわれている性典『色道禁秘抄』第五十五回に、交接の回数が取り上げられ、「春三夏六秋一無冬《しゅんさんかろくしゅういちむとう》がいい」とされている。

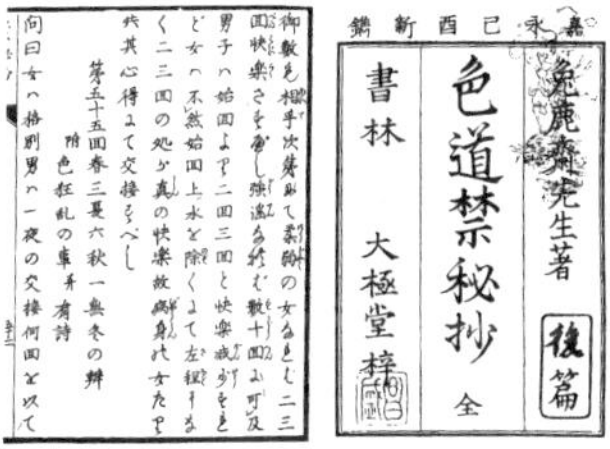

『色道禁秘抄』の「春三夏六」の項

これは魚を塩漬けにする塩加減で、交接とは関係がないという説もある。しかし、平安時代、丹波康頼が編纂した『医心方』房内部のなかには、『養生要集』の施瀉回数の教えも含まれているから、出典は同書ではないだろうか。

ところが回数は施瀉でなく交接に変わり、数字もいいように解釈されている。西村定雅は、乗除してこう教えている。

春三は、三二が六で月に六度。夏六は、二六、十二度。秋一は、二《に》一天作《いちてんさく》の五で、五度。無冬は、間一無当作九《けんいちむとうさく》の一で、月に一度がいい。

この回数には、何か根拠があったのだろうか。たんなるこじつけのような気もする。そしてまた、交わりは洩らすことだと考えられていたようだ。西村定雅は、これに続いて房中養生法「接して洩らさず」の真意を誤解して、こういっている。

「久しく精を泄《もら》さざる時は、返って濁精滞《とどこお》りて、淋疾《りんしつ》、瘁皰《にきび》、瘰癧《るいれき》、便毒《べんどく》、無名の腫物《はれもの》を生ず。欲念熾《さか》んにして御《ぎょ》に及ばず年月を歴《へ》るなれば、是が為に発狂眩暈の疾《やまい》を生ずる事あり……井水汲む程清し、汲まざれば反《かえ》って濁るも同様なり」

中国の房中養生長生術は、「接して洩らすな」と教えてはいない。施瀉回数を示し、「できるだけ洩らさない」という条件をつけているのだ。精は命の源だからだ。

『色道禁秘抄』も含め、江戸時代には中国の房中養生長生術を参考にした性典がいくつかあるが、肝腎の養生はどこかへいってしまい、大半が「疲れたときは牛乳と生卵」式のただの性技巧にとどまっている。

『洞玄子』は、「施瀉之法」をこう教えている。


イキソウニナッテモ、女ガヨクナルマデ待ッテ、一緒ニイクヨウニスル。少シ抜イテ、赤ン坊ガ乳首ヲ吸ウヨウナグアイニシテ、琴絃（中一寸）ト麦歯（中二寸）ノアタリデ出シ入レサセル。目を閉ジテ思イヲ内ニ凝ラシ、舌ヲ下顎《アゴ》ニツケ、背筋ヲ縮メテ首ヲ引ッ込メル。鼻ノ穴ヲ開イテ肩ヲスクメ、口ヲ閉ジテ気ヲ吸ウ。

精ハヒトリデニ戻ル。ドレクライ我慢スルカハ人ニヨッテマチマチダガ、トコトンマデコラエテ、少シダケ洩ラスヨウニスル。

これも「できるだけ洩らすな」という教えである。房中養生長生術の基本は、命の源である精を大切にすることだ。固精養精は施瀉のときまで徹底されている。三分の一、あるいは四分の一でもいいからこらえて残せというのだ。

ただしこれは、言うまでもなく子供を授かりたいという願いをこめて交わるときの教えではない。子供がほしいときにはそれなりの方法がある。

『玉房秘訣』のなかに、素女が教える求子法が記されている。

子ガホシイトキハ定マッタ法ガアリマス。

心ヲ清メテ遠イ将来ノコトマデヨク考エ（清心遠慮）、雑念ヲ取リ除イテ斎戒シマス。婦人ノ月経ガ終ワッテ三日目、深夜ヲスギ東ノ空ガ白ム前、打チ解ケテ戯レ、興奮サセテカラ乗リカカリ、女ニ合ワセテ進メテクダサイ。房中ノ道理ニ適ウヨウニスレバ、二人同時ニ快楽ヲ得ラレマス。

男ハ腰ヲ引イテ施瀉スルトイイ。シカシ麦歯（中二寸）ヨリ外ニ出シテハイケマセン。遠クナッタラ子門《シキユウ》ヲソレテ、子戸《ナカ》ニ入ラナイカラデス。

モシコノ法デ子ヲ授カッタラ、生マレタ子ハ賢クテ長生キシマス。

子宝を求めて交わるとき、大切なのは心だ。「清心遠慮」がないといけない。心理状態は受胎する子供に影響するからだ。くつろいだなごやかな雰囲気でないとだめだ。気になることがあったり、むしゃくしゃしたりしていると、生まれてくる子供の性格がおかしくなる。

月経が終わって三日後、女性は体も心も安定する。休んで疲れのとれた夜明け頃は一番受胎しやすい。静かで気も散らない。昔の人は子孫繁栄につながる子供を授かるために、身心を清め天に祈って交合していたのだ。人体の目に見えない気が、いかに重視されていたかが分かる。

現代性医学では、排卵との関係で月経の後が受胎率は高いと分かっている。素女の教えは間違っていなかったのだ。また子供がほしいときは、二週間ほど間をおいて交わるといい。精子と卵子の働きが活発になるからだ。受胎時の環境も胎児に影響がある。静かでロマンチックな雰囲気がいい。そうすれば智力、体力がすぐれた子供が生まれるなど、現代性医学はこの点でも素女の説と類似した指摘をしている。

「清心遠慮」は、良質のDNAを残す努力ともいえる素女の教えである。

明の徐春甫が編纂した『古今医統大全』巻八十四「螽蟖広育（キリギリスハ子ダクサン）」に、こう記されている。これは気を巧みに操って男の子を生ませる法だ。

月経ガ始マッタラヤメ、治《オサ》マッタラ始メル。一ニ煉法ヲ欠カシテハナラナイ。更ニ一言ツケ加エナケレバナラナイ事ガアル。左ハ男、右ハ女ダカラ、肩デ区別ヲスル。

徐春甫はこう説明している。

月経が治まって三日後に交わる。一二煉法は気を奪う間合いの法だ。女が子を孕《はら》むとき、左だと男、右だと女になる。男は施瀉するとき左に向けて出し、女の左肩をぽんと叩く。左半身の気が上に縮まり、精は左に引き込まれるから必ず男の子を身ごもる。

男か女かは肩で決まる。上手に間を取って一つ叩き、気を操るのが男を生ませる秘訣だというのだ。

昔から中国人は皇帝から一般の市民まで、子宝を授かることが一家、子孫の繁栄につながると信じてきた。とりもなおさず福が多いことになるのだ。

戦国時代の思想家、孟子（前三七二—前二八九）の説いた「不孝有三、無後為大（不孝ハ三ツアル。子ガナク家系ガ跡絶エルノガ最大ノ不孝ダ）」を信奉し、房中術でも求子法が重要な一部門になっている。

しかし現在は人口が多すぎるため、中国は一人っ子政策をとっている。そうなれば、当然男の子が欲しいのが人情だろう。「一二煉法」を試している人もいるのではないだろうか。うまくいって男の子を授かったら、大事にしてかわいがりすぎるものだから、皮肉なことに今度は「小皇帝（息子ガ皇帝ノヨウニイバル）」が社会問題になっている。

一九九七年、北京・江西科学技術出版社が世に出した『中華性医学辞典』にも、「一二煉法」は施瀉の項に取り上げられている。中医学、房中養生学でいう「施瀉」という言葉には、現代性医学でいわれる単なる「射精」だけでなく、房中養生長生法、求子法などの意味も含まれている。幅広く深い意味のある中国古来の学術用語なのだ。

　施瀉日時は前に説明したように年齢、体質、季節などの情況で異なる射精の回数のことだ。注意したいのは交接回数ではない点である。また「一二煉法」は施瀉法と房中気功導引術を結びつけた男女を生み分ける方法だ。

「一二煉法」について、近年出版されたこの辞典は今後の検証を待って決める必要があると述べている。頭から幻術だと見なさず、科学的な研究成果を待って結論を出したいという態度に好感がもてる。

　男左女右について付け加えておきたいことがある。性科学者、笠井寛司氏は『幸せの性革命』第13講「子宮の疼きとは」でこういっている。

　西洋医学の父と呼ばれる紀元前5世紀ころに活躍していた古代ギリシャの医師・ヒッポクラテスによれば、「人間の子宮は動物と同じく2つに分かれ、右側には男児、左側には女児が宿る」と主張しました。今から考えると、とんでもない珍説を唱えていたわけです。

精子が卵子と結合して胎児になる核の宿る場所が、子宮内、左右の側だと考えられないこともない。それにしても西洋と東洋で、どうして左右が逆なのだろう。回転している地球の磁気の影響で異なってくるのだろうか。

人間の身体は、外見は左右対称だが内部は非対称になっている。例えば、心臓と胃は左で肝臓は右。大脳の左半分は論理や分析を受け持ち、右半分は音楽や空想を分担するといわれている。

受精卵は均一なのに個体分化すると非対称になる。遺伝子が関係しているらしいが、なぜだかよく分からないという。これから考えると、子宮も左右で機能が異なり、左男右女受胎説も一理あるように思えてくる。

子は授かるものだ。造ろうとしても出来ない。最近、クローン技術、人工授精、体外受精など人工的に動物、人間を造る科学が発達して世間を騒がせている。

しかし、これは非自然的な行為だ。人間の誕生は自然にまかせるべきだろう。すでに生物学的親子関係と社会学的親子関係の間に、複雑なギャップが生じている。自分の子でも親子関係は難しいのだから、クローン人間が誕生したらとんでもないことになるだろう。

自然にはバランスを保とうとする偉大な力がある。生まれてくる男女の比率はほぼ半々になっている。人口が増加すると新しい病原菌が現われたり、成人男子の精子が減少したりして、マイナス要因が働くようになる。

不自然な行為は自然環境破壊と同様、天地宇宙の摂理を冒瀆することになり、人類の破滅に向う道になる。すでに黄信号が点っているのだ。

女採男精

黒澤明監督の映画『夢』のなかに、「狐の嫁入り」の話が出てくる。

日が射しているのに雨が降ってくると、狐の嫁入りがある。森のなかで大きな樹の陰に隠れて、狐は人間に見られていないか警戒し、顔をさっと左右に向けながら進んでくる。霧が流れ、木漏れ日が斜に射している。

この情景は忘れられない。

映画評論家だった淀川長治氏も、テレビで同じことを言っていた。

狐の話は中国にもたくさん残っている。狐は中国語で狐狸《フウリ》という。狐の化け物は、狐狸精《フウリチン》だ。男の精を採《と》って薬にする狐がいる。女に化けてだます。口で吸い採る狐もいれば、陰部を使う狐もいる。共通しているのは、妖しい色気「媚《メイ》」がある点だ。それで男はすっかり魅了されて、真陰を吸い採られてしまう。一瞬に吸い採るから男は気絶するという。

「道《タオ》」を会得した経験豊かな古狐でないと、人間に化けることは出来ない。それも千八百歳にならないと駄目だといわれている。陰茎は細長くて筋張り、先が尖っている。皮被りで異臭がするから狐だと分かる。なかには人を助けたり、「天道」を教えて諭したりする狐の仙人、狐仙もいる。

昔いたというこれらの狐は、どこへ行ってしまったのだろう。いまでは狐にだまされたという話は聞かない。しかし、「狐狸精」という言葉は、現在でも生きている。媚のある女を悪い意味をこめて言うときに使う。たとえば、亭主を寝取られた女房が、寝取った女を「狐狸精」と罵《ののし》る。言われた方も、罵った女を絶対に忘れない。

これは台湾での話だが、「狐狸精」という言葉には、心を突き刺す力がいまも秘められている。

本当に狐狸精かどうかは別にして、女のなかには、男の真陰を吸い採る力を持った者がいる。仙道の採陰術といえば、男が気を操って玉茎から女の真陽を引き込み、補養にする法だと考えられているが、逆のこともあるのだ。

『玉房秘訣』のなかで、著者の房中養生家、冲和子《ちゅうわし》はこういっている。

陽ダケデナク、陰デモ養生スルコトガ出来ル。仙女、西王母《セイオウボ》ハ陰デ養生スル道ヲ体得シテイタ。男ト交ワルト、一度デ相手ハ損ワレテ病ニナルガ、彼女ハ顔色ガ艶々シテイタ。化粧ハセズ、常ニ乳酪《ヨーグルト》ヲ飲ミ、玉弦ヲ弾イテイタ。心ヲ静メ、雑念ヲ取リ除イテ養生ニ専念スルタメデアル。

マタ西王母ハ夫ヲ持タズ、好ンデ童男ト交ワッタトイワレテイルガ、コレヲ手本ニスルワケニハイカナイ。必ズシモ西王母ト同ジヨウニスル必要ハナイノダ。

〈註〉西王母は古代の伝説上の仙女。西方の崑崙山に住んでいたという。

西王母

西王母を筆頭に、夏姫《かき》、趙飛燕《ちょうひえん》、則天武后《そくてんぶこう》も採男吸陰の術で名高い女性たちだ。

春秋時代の妖婦、夏姫と、漢の成帝が寵愛した飛燕は、心の目（意念）で体内の気を操る内視の法を会得していたと伝えられている。また唐の則天武后は、晩年、巨根の美青年、張易之《ちょうえきし》、昌宗《しょうそう》兄弟を男妃にし、精を吸い採って若返りの薬にしていた。抜けた歯がまた新しく生えてきた話は有名だ。

『洞玄子』はこう教えている。

男ノ年ガ女ノ倍ナラ、女ヲ損ネル。女ノ年ガ男ノ倍ナラ、男ヲ損ネル。

中国の物語では、交接の場面が男女の武将の戦いになぞらえて描かれることがある。性の交わりは真陰と元陽の奪い合いだと考えられているからだ。男が女に負ける原因は、『洞玄子』がいう年齢の差もその一つだ。経験が豊富だと採精の技巧も勝っている。古狐の狐狸《フウリ》精《チン》、則天武后もこの例だ。

また『玉房秘訣』で、彭祖《ほうそ》はこういっている。

男ハ大イニ益ヲ得タイナラ、採精気ノ道ヲ知ラナイ女ヲ手ニ入レルトイイ。マタ童女ト交ワルベキダ。顔色モ童女ノヨウニナル。

この逆、採男吸陰、即ち「女採男精」の道を心得ていたのが西王母である。そしてまた当然だが、年齢と関係なく、女の技巧が勝っていたら男は敵わない。夏姫、趙飛燕はこの例だ。

採るつもりが反対に女に乗じられて採られてしまう。採った方は煉って不老長寿の丹薬にする。真陰を吸われた男は、薬渣《やくさ》（薬を煎じたカス）にされ腎虚になってしまう。

同じ『玉房秘訣』で素女が教えている「七損」の障害、絶気（気ガ途絶エル）、溢精（精ガ洩レル）などが生じる。採って「八益」にするつもりだったのに、負けて「七損」になってしまう。固精（精ヲ閉ザス）、調脈（脈ヲ調《トトノ》エル）などが「八益」だ。（第三章第六節「以人療人」の「七損八益」の項を参照）

中国にも女陰芸《ニュイインイ》（花電車）の見せ物があった。煙草や阿片を吸ったり、酒を飲んだり、タマゴを入れて飛ばしたりする。これは明らかに気功導引の技の応用だ。

交接は、男が出し、女が受けて呑み込むものだから、女には個人差はあれもともと「採男吸陰」の力があるのではないだろうか。

性科学者、医学博士の笠井寛司氏は『幸せの性革命』第13講「子宮の疼きとは」でこういっている。長いので要点をまとめるとこうなる。

女性は胸腔だけでなく、腹腔でも呼吸をしています。わかりやすくいえば、空気が膣入口、膣、子宮、卵管を通って腹腔まで入っているのです。男性の肉体は「閉鎖空間」だが、女性はそうではない。ところが妊娠すると胎児によって空気の流通が遮られ、「閉鎖空間」になってしまう。それで気圧が下がると体内のバランスが崩れ、子宮が動いて陣痛が始まるという説を唱えている学者もいます。低気圧が発生する台風前に出産が多くなるのは事実です。男性にない「子宮感覚」があるといえます。

またセックスの時、興奮が高まると子宮は収縮して動きます。膣壁は赤紫色に充血して膨張し、ペニスを包み込んで挟みつける。同時に子宮は引き上げられて、子宮口に近い膣の部分が膨らみます。「テント効果」と呼ばれる変化です。子宮はヒクヒク痙攣して収縮を繰り返す。男性が射精し、そして女性のオーガズムも後退すると、子宮は下がってまた元の位置に戻ります。この動きによって、子宮口の近くに発射された精液は吸い上げられる。スポイトのように吸引して受精に導こうとするのです。神の巧妙な造形を感じないわけにいきません。中には、この「精液を吸い上げる感覚がわかる」という女性がいます。それどころか「あの独特の感触が快感だ」という女性もいるのです。

女は腹腔呼吸ができる。また子宮が動いて精液を吸い上げる力もあるのなら、男の真陰を吸い採ることも可能なはずだ。中国の房中養生の書が男の「吸」を重視し説いているのも、男は本来、女に敵わないからだと思われる。じつをいうと「女採男精」を防禦するための攻撃なのではないだろうか。

六　以人療人

接陰治神気之道

以人療人（人デ人ヲ治療スル）というのは、性の交わりによって相手の気をもらい、生殖系統の疾患を治すことだ。症状に応じて、体位と方法を変えるよう教えている。これは中国古代房中長生術の「以人補人（人デ人ヲ補ウ）」の理論に基づいた房中養生法である。

馬王堆漢墓から出土した『合陰陽』は、こう説いている。

夜、男ノ精ハ強クナル。朝、女ノ精ハ満チテクル。男ノ精ヲ女ノ精ニ補ッテヤレバ、女ノ血ノ流レガヨクナリ、肌ガキレイニナル。気血ノ滞リガナクナッテ、五臓六腑ノ働キガ活発ニナルカラダ。

たがいに精気を補って健康長寿を保つ「以人補人」の法は、房中養生長生術の原点になっている。

『十問』では、房中術の師、家臣の曹熬《そうごう》が黄帝に「接陰治神気之道（陰ト接シテ神気ヲ治ス法）」を教えている。房事がすぎてわかなくなった性欲を、また交わって回復させる法だ。

いきそうになっても、ぐっと抑えて精気を養うと、必ず効果がある。はやる気持を静め、相手の精気を体内に採り込むのが陰陽の道なのだ。

一回こらえられると、耳と目にいい。

二回だと、声に張りが出る。

三回だと、肌に艶が出る。

四回だと、背筋がしゃんとして、肩が軽くなる。

五回だと、尻と股の肉が締まる。

六回だと、全身の経絡の働きが活発になる。

七回だと、病気にかからなくなる。

八回だと、長生きできる。

九回だと、精力が旺盛になる。

強入弱出と弱入強出

「強入弱出」といえば、日本人なら大半の者が、強く入れて弱く出す法だと思うだろう。

実を言うと、「強」は、玉茎が堅くはちきっている状態。「弱」は、萎《な》えてしぼんだ状態のことなのだ。立ったのを入れ、小さくなってから出していたら、体によくないと教えているのである。精を消耗して体が弱り、命を縮めるようになってしまう。

中国の房中用語で「強」は「生」、「弱」は「死」ともいう。『洞玄子』は、いきそうになったら、こうしたらいいといっている。

男ハスグニ出サネバナラナイ。死ンデカラ出シテハ駄目ダ。必ズ生キテイルウチニ戻ス。死ンデ出スヨウナ事ヲシテイタラ、害ヲ招ク。

「弱入強出」も出し入れの法ではない。「強入弱出」の反対の状態をいっているのだ。

六朝、陶弘景《とうこうけい》（四五六―五三六）は、『養性延命録』でていねいにこう教えている。

半立チデ琴絃（中一寸）ト麦歯（中二寸）ノ間マデ入レ、大キクナッタラ出シ入レヲシ、ハチキッテイルウチニ出ストイイ。

琴絃と麦歯のあたりは性感が強いといわれている。ここを繰り返し刺激するのがよく、女の体にも無理がこない。

中国古来の房中家は、「弱入強出」は養生長生効果があると教えているのだ。

七損八益

『玉房秘訣』に記されている素女の「以人療人」の教え。馬王堆漢墓から出土した『天下至道談』にも出ているが、こちらの方がくわしい。「七損」は無理したために損なった体を治す七種類の交接法。「八益」は体に有益な八種類の交接法。女の疾患も治る。どちらも房中養生長生法だ。

素女は陰陽（性交）の道には、「七損八益」があるといっている。


一損ハ、絶気（気ガトダエル）。

ヤリタクナイノニ無理ニスルト、汗ガ出テ気ガ少ナクナル。心ガ熱クナッテ目ガ眩《クラ》ム。治療法――女ヲ仰向ケニ寝カシ、両脚ヲ肩ニカケテ奥マデ入レル。女ニ腰ヲ使ワセル。女ガ精ヲ漏《モ》ラシタラヤメル。男ハイッテハナラナイ。日ニ九回行ナイ、十日続ケルト治ル。

二損ハ、溢精（精ガ洩《モ》レル）。

気バカリハヤリ、マダ陰陽ガ一ツニナッテイナイノニスルト、精ハ途中デ出テシマウ。マタ、酔ッタリ、食ベスギタリシタトキニ交ワルト、息ガ切レ気ガ乱レテ、肺ヲ傷メル。咳ガ出タリ、ノボセタリ、消渇《ショウカツ》（喉が渇いて尿が出にくくなる）ニナッタリスル。チョットシタコトデ腹ヲ立テタリ、喜ンダリ悲シンダリスル。ソシテ、口ガ渇イテ体ガホテリ、中折《ナカオレ》ニナッテシマウ。

治療法――女ヲ仰向ケニ寝カシテ両膝ヲ立テサセ、男ノ体ヲハサマセル。浅ク半寸余リ入レテ、女ニ腰ヲ使ワセル。女ガ精ヲ漏ラシタラヤメル。男ハイッテハナラナイ。日ニ九回行ナイ、十日続ケタラ治ル。

三損ハ、雑脈（脈ノ不順）。

堅クナラナイノニ無理ニスルト、途中デ抑エガキカナクナリ、イッテシマウ。精気ガナクナッテイルカラダ。満腹ノ状態デ交ワルト、脾臓ヲ傷メル。消化不良ガ起コリ、陰痿《インポ》ニナッテ精ガナクナル。

治療法――女ヲ仰向ケニ寝カシ、足ヲ男ノ尻ニ掛ケサセル。手ヲツイテ体ヲ支エ挿入スル。女ニ腰ヲ使ワセル。女ガ精ヲ漏ラシタラヤメル。男ハイッテハナラナイ。日ニ九回行ナイ、十日続ケタラ治ル。

〈脾臓〉飲食物の分解排泄と水分代謝を司っている器官。

四損ハ、気泄（気ガ泄《モ》レル）。

疲レテダルイ。汗ガ出ル。乾カナイウチニ交ワルト腹ガ熱クナリ、唇ガ乾ク。

治療法――男ハ仰向ケニ寝ル。女ヲ足ノ方ニ向ケテ、上ニ坐ラセル。女ハ床ニ手ヲツイテ浅ク入レル。女ニ腰ヲ使ワセル。女ガ精ヲ漏ラシタラヤメル。男ハイッテハナラナイ。日ニ九回行ナイ、十日続ケタラ治ル。

五損ハ、機関厥傷《けっしょう》（内臓障害）。

コノ障害ガアルト、大、小便ノ後ハ体ガスグ通常ノ状態ニ戻ラナイ。無理ニ交ワルト肝臓ヲ傷メル。出シ入レノ調節モセズ、ヤミクモニ激シク動カスト筋骨ニヨクナイ。目ガカスム。癰疽《ヨウソ》ガデキル。体中ノ血管ガ枯レテ干カラビ、ソノウチニ駄目ニナル。陰痿ニナッテシマウ。

治療法――男ハ仰向ケニ寝ル。女ハ前向キニ上ニ坐ル。シャガミナガラ、ユックリ入レル。女ニ腰ヲ使ワセテハイケナイ。女ガ精ヲ漏ラシタラヤメル。男ハイッテハナラナイ。日ニ九回行ナイ、十日続ケタラ治ル。

〈癰疽〉筋肉、関節、骨などの障害から起こる治りにくい腫れ物。

六損ハ、百閉（脈ノ閉鎖）。

女ニ夢中ニナリ、自制デキナクナッテシマウ。精気ガ衰エテイルノニ、頑張ッテ無理ニ施瀉スル。精ハ尽キテ出ナクナリ、イロイロ病気ガ併発スル。消渇ニナリ、眩暈《メマイ》ガスル。

治療法――男ハ仰向ケニ寝ル、女ハ男ノ上ニ坐ッテ上体ヲ前ニ倒シ、床ニ手ヲツイテ入レル。女ガ腰ヲ揺リ動カシテ精ガ漏レタラヤメル。男ハイッテハナラナイ。日ニ九回行ナイ、十日続ケタラ治ル。

七損ハ、血竭《けつけつ》（血気ガ尽キル）。力マカセニヤミクモニ行ナウ。疲レテ汗ガ出テモソノママ続ケ、互イニイッテモマダヤメナイ。コンナコトヲシテイルト突然病気ニナル。続ケテ施瀉スルト、血ガ枯レテ気ハ尽キル。肌ノ艶ガナクナリ、荒レテクル。玉茎ハ痛ミ、陰嚢ハ湿ル。精液ニ血ガ混ジルヨウニナル。

治療法――女ヲ仰向ケニ寝カス。女ノ尻ヲ持チ上ゲテ脚ヲ伸シ、股ヲ開ク。男ハソノ間ニヒザマズキ、深ク入レル。女ニ腰ヲ使ワセ、精ヲ漏ラシタラヤメル。男ハイッテハナラナイ。日ニ九回行ナイ、十日続ケタラヨクナル。

次に「八益」の交接法をこう教えている。

一益ハ、固精（精ヲ閉ザス）。

女ヲ横向ケニ寝カシテ、股ヲ開カセル。男ハ寄リ添ッテ入レル。出シ入レハ、二九、十八回デヤメル。男ハ精ガ洩レナクナル。マタ女ノ漏血《ロウケツ》（月経過多）ガ治ル。日ニ二回、十五日続ケルトイイ。

二益ハ、安気（気ガ安マル）。

女ヲ仰向ケニ寝カス。枕ヲ高クシ、割ッテ入リヒザマズイテ入レル。出シ入レハ、三九、二十七回デヤメル。男ハ気ガ安ラグ。女ハ門寒（冷え症）ガ治ル。日ニ三回、十五日続ケルトイイ。

三益ハ、利臓（内臓ニ効果ガアル）。

女ヲ横向ケニ寝カセ、両膝ヲ曲ゲテ丸クナルヨウニサセル。男ハ後ロニ寝テ、入レル。出シ入レハ、四九、三十六回デヤメル。男ハ気ガ安ラグ。女ハ門寒ガ治ル。日ニ四回、二十日続ケルトイイ。

四益ハ、強骨（骨ノ強化）。

女ヲ右ヲ下ニシテ横向ケニ寝カセ、左膝ヲ曲ゲ、右脚ヲ伸スヨウニサセル。カブサッテ、斜メ後ロカラ入レル。出シ入レハ、五九、四十五回。男ハ関節ノ調子ガヨクナル。女ハ閉血（月経異常）ガ治ル。日ニ五回、十日続ケルトイイ。

五益ハ、調脈（経脈ガ調《トトノ》ウ）。

女ヲ左ヲ下ニシテ横向ケニ寝カセ、右膝ヲ曲ゲ、左脚ヲ伸スヨウニサセル。男ハ床ニ手ヲツキ、後ロカラ入レル。出シ入レハ、六九、五十四回、経脈ガ調ウ。女ハ、門辟（膣痙攣《ケイレン》）ガ治ル。日ニ六回、二十日続ケルトイイ。

〈経脈〉体内を縦に通っている主脈。十二正経と奇経八脈。

六益ハ、蓄血（血ガ増エル）。

男ハ仰向ケニナリ、女ヲ上ニ乗セテヒザマズカセ、奥マデ入レル。女ニ、七九、六十三回、上下ニ出シ入レサセル。元気ガ出ル。女ハ月経不順ガ治ル。日ニ七回、十日続ケルトイイ。

七益ハ、益液（髄液ガ増エル）。

女ヲ俯《ウツブ》セニシ、尻ヲアゲサセル。男ハ上カラ、八九、七十二回出シ入レヲスル。骨ガシッカリスル。（原文にないが、順序から判断すると、回数は日に八回になる。ただし日数は不詳）。

八益ハ、道体（道ノ大本《オオモト》）。

女ヲ仰向カセ、足ヲ折リ曲ゲテ尻ノ下ニハサマセル。脇腹ヲ脚デハサンデ入レ、九九、八十一回出シタリ入レタリスル。骨ガシッカリスル。女ハ陰臭ガトレル。日ニ九回、九日続ケルトイイ。

七損の六「百閉」は「時雨茶臼」、八益の六「蓄血」は「本茶臼」と体位は跨《また》がるか跪《ひざまず》くかが違うだけの茶臼だ。しかし女の腰の動かし方は、上下ではなく回し揺りになっている。勿論、男は洩らしてはならない。障害に応じ、体位、回数、日数は異なっている。

「七損八益」のなかで、いちばん長く施瀉させせないでおく出し入れは八十一回で、一日に九回行ない、九日洩らさない法だ。現代の西洋医学でも、固精法が早漏、陰痿《インポ》の治療に使われている。

また女の不感症にも、「七損八益」と同じように、茶臼の法が使われているという。中国古代房中家の教えは、今日も生きているのだ。

「七損八益」は、本来なら体を損なうからしてはいけない交接をして、性機能障害（早漏、不漏、陰痿、月経過多・不順、膣痙攣、不感症など）を治す「以人療人」の法である。筋肉、関節、内臓、血行、脈拍、神経など体の機能を強化させ、全身の調和がとれるように工夫された一種の衛生保健体操だといえる。これは中国古来の房中養生長生法に基づいた、世界に類のない性医術なのだ。

第四章　道教と怛特羅瑜伽と西蔵密教

明、陳邦瞻《ちんほうせん》撰の『元史紀事本末』にこんな記録がある。

大喜楽禅定

哈麻《ハマ》ハ運気ノ術ノ巧ミナ西天僧ヲ推薦シテ、帝ニ取リ入ッタ。帝ハ習ウヨウニナリ、演揲児《エンセツジ》法ト呼ンダ。演揲児（蒙古語）ハ大喜楽トイウ意味ダ。

哈麻ノ妹婿、集賢学士、禿魯帖木児《トクロチムウル》ハ、帝ノ寵愛ヲ得タイト思ウ。帝ノ叔父、老的沙《ラオダシャ》、帝ノ弟、巴郎太子《バランタイツ》（八郎）、ソシテ荅剌馬《タラマ》、吉的波《チダボ》、迪哇児《テワアル》タチト、演揲児ヲ共ニ学ブ倚納《イナ》トイウ集団ヲ作ッタ。

帝ガソノ試ミヲ気ニ入ッテイルノヲ知ッタ狡猾ナ禿魯帖木児ハ、更ニ西蕃僧、伽璘真《カリンシン》ヲ帝ニ推薦シタ。秘密ノ法ヲ身ニツケテイル伽璘真ハ、帝ニ言上シタ。

「陛下ハ天下ニ君臨シ、スベテノ富ヲ掌握ナサッテオラレマス。シカシ、ソレモコノ世ニオラレル間ダケノ事デス。短イ夢ノヨウナモノデゴザイマス。ゼヒコノ秘密禅定ヲゴ修得ニナリ、大喜楽ヲオ究メナサッテクダサイ」

帝ハマタコレヲ習ウヨウニナッタ。

コノ法ハ、双修法、演揲児、秘密トモイイ、同ジヨウニ房中秘術ダッタ。

帝ハ詔《ミコトノリ》ヲ出シテ、西天僧ヲ司徒、西蕃僧ヲ大国元帥ニシタ。マタ弟子タチニハ、良家ノ女ヲ三、四人ツケテ奉仕サセ、ソレヲ供養ト呼ンダ。帝モ毎日、多クノ女ヲ相手ニシテ双修法ヲ学ビ、淫楽ニ耽《フケ》ッタ。

マタ若イ女官ヲ選ビ、宮中デ歓喜仏ヲ讃《タタ》エ、楽ヲ奏デテ、十六天魔ノ舞ヲ踊ラセタ。コノ場所ヘハ、秘密ノ戒律ヲ受ケタ者シカ入ル事ハ許サレナカッタ。ソシテマタ、後宮カラ宮殿正面ノ山ノ裾《スソ》マデ広ガッタ湖ニ、龍舟ヲ浮ベテ戯レタ。

帝ト共ニ修煉ニ励ム八郎、ソシテ倚納《イナ》ト呼バレル仲間タチハ、帝ノ前デ全裸ニナリ、女トカラマッテイタ。男女ガ戯レル部屋ヲ皆即兀該《チエチウカイ》トイッタ。事無礙（何モハバカルコトハナイ）トイウ意味ダ。君臣ハ皆、淫ヲ好ミ、多クノ僧ガ宮中ノ奥マデ出入リスルヨウニナッタガ、トガメラレナカッタ。醜聞ガ街ニモ広ガリ、市民モアキレタトイウ。

この帝は元朝最後の順帝（在位一三三三―一三七〇）、妥懽帖睦爾《トゴン・テイムール》のことだ。歓喜仏を祀《まつ》り、大喜楽禅定の修煉に夢中になっていたのだ。順帝はまた、玉宸館瓊花第一洞霞小仙《ぎょくしんかんけいかだいいちどうかしょうせん》という道教の仙人の号も持っていた。

順帝が始めた宮中で歓喜仏を讃えるこの風習は、その後、明の時代も続き、さらに清の皇帝たちにも受け継がれている。順帝が蒔《ま》いた大喜楽禅定の種子は、枯れなかったのだ。

西天は印度、西蕃は西域（西蔵《チベット》・青海・西康）の僧だということは明らかだが、演揲児と大喜楽禅定の秘技が何なのか謎に包まれていた。しかし近年になって、印度の怛特羅《タントラ》仏教の影響を受けた吐蕃《トバン》（西蔵）の紅教喇嘛《ラマ》（喇嘛教は十五世紀、黄帽派〔革新〕と紅帽派〔保守〕に分裂した）の歓喜秘仏の法だという説が現われ、いまでは定説化している。

西蔵密教の秘技

怛特羅《タントラ》仏教は、摩訶毘盧遮那《マカビルシャナ》、すなわち大日如来を本尊にした密教のことだ。金剛乗とも呼ばれている。七世紀から八世紀にかけて、印度大乗仏教の一派と婆羅門《バラモン》教が結びついて生まれた新しい仏教である。

「怛特羅」は、目覚めるための智慧を身につけるという意味だ。「金剛」はきわめて堅固で壊れないもの、つまり大日如来の智徳の象徴である。この智徳で霹靂《へきれき》のように煩悩を打ち砕く神秘的な法具、金剛杵《ヴァジュラ》は、因陀羅《インドラ》の手に握られていた。この神は婆羅門の聖典、『リグ・ヴェーダ』に登場する英雄神だ。またの名を金剛手という。そして金剛杵は、林伽《リンガ》（陰茎）の象徴でもある。

西蔵に金剛乗が伝わったのは、八世紀の後半だといわれている。王、赤松徳賛《ティソン・デツェン》（在位七五五—七九七）は熱心な仏教信者だった。仏教を保護して国教化し、サムイェー寺院を建立しようとした。

ところが西蔵には昔から伝わっている原始巫教、ボン教があり、工事は呪《じゅ》術によって阻害され、順調に進まなかった。王は印度から大行者、蓮華生《パドマ・サンバヴァ》を招き、衆魔を調伏《ちょうぶく》する地鎮の儀式を行なってもらう。そして無事に国立仏教寺院、サムイエーは七七九年に完成した。

密教を西蔵に伝えたのは、この蓮華生である。密教は法身仏、大日如来が金剛薩埵《さった》に伝授した深奥秘旨、真言の教えだ。蓮華生は虚空に姿を現わした金剛薩埵から法を授かったといわれている。古代印度の呪術的宗教儀式に用いられていた種々の真言（呪文《じゅもん》である陀羅尼《ダラニ》）を母胎にして、体系・組織化された民俗信仰、大乗仏教の一派である。顕教とは異なった側面があり、世俗的色彩が強かった。

蓮華生は、密教四部修法の最高段階に当たる無上瑜伽《ヨガ》密に基づく金剛乗密教を西蔵で広めた。四部修法というのは、段階を追って高度化する所作・行・瑜伽・無上瑜伽密の修行法である。「無上」は上が無い、最高ということだ。十二世紀、印度では金剛乗はすたれてしまう。しかし、西蔵に伝わった密教四部修法は完全な形のまま残り、西蔵系密教、喇嘛教として根を下ろしていった。

金剛杵

密教では、三密を用いて即身成仏する修行が重視されている。身・口・意密が三密だ。特定の姿勢（身印）になり、印を結んで（手印）座る。本尊真言陀羅尼《ダラニ》）を唱え（口）、心（意）で本尊を観想する。精神を集中させ、無我の境地に入り、現世において悟りを開く。行者の三業（身・口・意のさまざまな行為）が仏の三業と一体になり、入我我入（仏ガ我ニ入リ、我モ仏ニ入ル）の心境に到達する。これが即身成仏である。

楽空双運と一壺天

手印と身印を結び、考えを集中させて気を脈と脈輪《チャクラ》に運ぶ密教の身密修法は、印度瑜伽・中国道教の気功法とよく似ている。密教の修行法は不老長寿を目標に掲げてはいないが、気功法は自然に不老長寿の効果を生む。

そして健康なら性の生理は無視できない。無上瑜伽《ヨガ》理論では、心と体の修行が重視されている。人は目に見えない心と、器（壺）である体が縁で一つになった集合体である。心身は相互依存、一体不二、不可分離なのだ。性は重要な研究課題になり、即身成仏を性力《シャクティ》（性エネルギー）を使って成就させる秘法が編み出された。

無上瑜伽密の双修法「楽空双運」がそれだ。喇嘛《ラマ》教では歓喜仏や両神交歓画像として表わされている。男は止精法を使って禅定に入り、神人合一、極楽に達する修行法である。

また一人で行う単修法もある。男の体には女性因素、女には男性因素がある。男なら体内で女性因素を引き出して合体させ、双性を克服して陰陽合一の境地に入る。これで人は最も神に近い理想の状態になれる。道教、内丹単修派の修煉に似ている。

無上瑜伽の気脈理論では、人体には水、気、血の通る脈が七万二千本あると考えられている。そのなかで最も重要なのが、神経中枢部位、脊髄を占めている左・中・右の三脈だ。胎児になる核のなかで、三脈は他の脈より早く生成される。そして体内の双性は、この左右の脈と関係があるのだ。

中脈は脊髄のなかを通っている。約二指ほど離れた左右に二つの脈がある。一脈の上端は耳の後ろを回って、鼻孔に通っている。中脈を軸にして左右の脈は、頭頂、喉、心臓にある脈輪に交叉してからみつき脈結を作り、波状になって下降する。そして臍下四指の所にある臍輪で中脈に結合し、三脈は一体になる。さらに下へ伸び左脈は右睾丸、右脈は左睾丸につながる。女の場合は、左右の卵巣が下端になっている。体の右側が病んでいると左側が痛み、左側だと右側が痛むのはこのためだという。

左脈は陰性エネルギー（精）が通る女脈。色は白灰色で、女性活力は雪山女神《パールヴァティ》と月で象徴される。空と般若《パンニャー》（最上の知恵）を生み出す。

右脈は陽性エネルギー（血）が通る男脈。色は赤く、湿婆神《シバ》と太陽で象徴される。慈悲と方便（悟りへ導く方法）を生み出す。

脊髄を抜けている中脈の上端は、頭頂（梵穴）から眉間に垂れ、印堂穴で止まっている。臍下四指の所で左右二脈とつながり、下端は会陰を通って密処（亀頭）に達している。女は子宮だ。色は藍色、太さは毛筆の軸、あるいは麦わらぐらいだという。

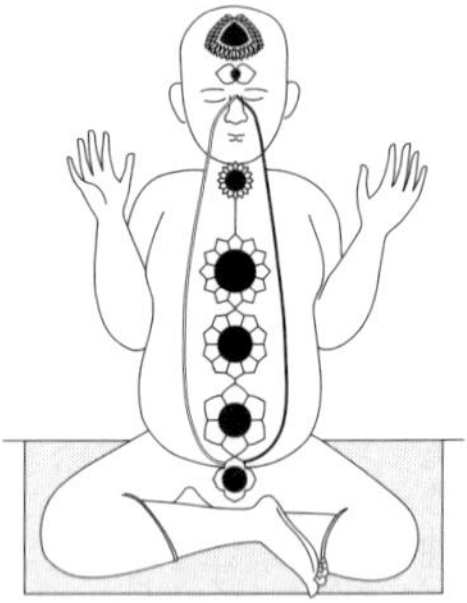

脈輪

中脈には蓮華状の脈輪（輪宝）が七つ付いている。ここから支脈が輻射されているのだ。脈輪は根本になるのが四輪で、五、六、八輪だという説もある。

一　密輪――会陰の上に位置した生命力、性力の源。女は子宮口の裏に当たる背部にある。四弁の紅い蓮華状をしている。蓮台の上に、金色の霊蛇がとぐろを三回半巻き、頭を垂らして眠っている。霊蛇は女性活力で、拙火、霊力、霊熱、貢荼利尼《クンダリニー》とも呼ばれている。

二　生殖輪――男は陰茎の根元と末端部。女は陰核の末端部。六弁、黄色の蓮華状。男女で行なう双修法、「楽空双運」の鍵になる輪宝だ。

三　臍輪――臍の裏側にある。十弁、灰色の蓮華状。気、体力の中心。化身の鍵になる部位。道家の下丹田に当たる。

四　心輪――左右の乳の中間、高さは心臓とだいたい同じ所にある。十二弁、白あるいは紅の蓮華状。法輪ともいわれ、心性光明、法身光明の鍵になる輪宝だ。道家の中丹田に当たる。

五　喉輪――喉仏の裏。十六弁、紫の蓮華状。仏の三身《さんじん》の一つ、修行して悟りを開き、覚者として超越した境地に入る「報身仏《ほうじん》」になる鍵があるといわれる部位。

六　眉間輪――眉間の三角骨の中、中脈の上端部にある。双弁の白蓮華状。観想そして超覚視力と直観の中心。ここに力が備わると千里眼・神通力の持ち主になれる。修行を積んで仏になると、眉間輪は頭頂の肉髻《にくけい》に移動して頂髻輪になる。また頂輪から上へ四指、頭を離れた空間にあり、光芒を放つともいわれている。

七　頂輪——大楽輪、涅槃《ねはん》輪ともいう。額の上、梵穴にある。梵穴のある所は軟らかく、嬰児の頃は動く。直径は四指ほどで、色の交ざった千弁蓮華状。中脈の上端出口、頂門である。心霊と宇宙の形而上実体をつなぐ要所だ。心霊が肉体の束縛をはなれ、自主自在になる生死の門だといわれている。道家の泥丸《ニィワン》（上丹田）に当たる。

以上説明した三脈七輪はミクロの細胞、細身だから、解剖しても目には見えない。しかし修煉を積むと、気の流れは感じられるようになるという。道家でいう経絡も同じ、目には見えない空の部分である。

歓喜仏

無上瑜伽密の双修法、「楽空双運」は、この三脈七輪、それと明点《ビンドウ》と貢荼利尼の生理理論に基づいた、双性を超越する秘法なのだ。

歓喜仏の形で抱き合い、湿婆神と雪山女神を観想する。しかしこの場合、前に話したように双修ではなく一人で女性を想像し、精神結合で体内の女性活力を刺激する単修法もある。いずれにせよ、性交時に生まれる性ホルモンとエネルギーは、最も潜在力をかきたてやすい。仏は女性生殖器のなかにいる。子宮は般若だともいわれている。

臍輪の蓮華にある芽、菩提心に意念を集中する。臍輪は女脈、男脈が結合し、中脈（無性）につながっている要所だ。女から得た活力で潜在女性活力を刺激しながら、射精せずに止めている精と融合させ、新しい生命エネルギー、気の凝結体である明点（精気）にする。明点は五大（地・水・火・風・空）から構成されていて、生成の過程は胎児の核が出来るのと似ているといわれている。

また中脈の心輪には、両親から受け継いだ父精・母血、不壊明点（元精）がある。これは命と心の根源で一生壊れることがない。心理、生理活動にともなって中脈の中を上下に移動し、変化する。深層心理、阿頼耶識《あらやしき》と一体になった空質物の微細身、霊魂である。

興奮にともなって不壊明点は、心輪から臍輪へ下りてくる。同時に意念と気も同じ所に集まる。意念で生殖輪の性エネルギーを活発にさせ、密輪の貢茶利尼（霊蛇）を刺激して目覚めさせる。

金色の貢茶利尼はかま首をもたげ、チロチロ火を噴き出し始める。呪文《じゅもん》を唱え、意念を送り、呼吸法を続けていると、霊蛇は徐徐にとぐろをとき、中脈のなかを上昇してゆく。吐き出す火は強く明るくなって純一の光に変わる。脈輪を突き抜けながら頂輪に達し、明点の白菩提（父の精）と融合する。この瞬間、左・中・右の脈は一つにつながり、湿婆神と雪山女神は一体になる。光に包まれ空と悲、般若と方便は結合する。甘露が滴ってどっと気が中脈に流れ込み、双性を超越した陰陽合一大喜楽の境地に達する。
生理と心理状態は顚倒し、高深定境、すなわち空・明・楽・無我の恍惚情態、天人合一の禅定に入るのだ。病は治り、体は丈夫になって長生きするようになる。また超能力が備わるともいわれている。

元の順帝が西天と西蕃僧から学んだ演揲児法と秘密禅定は、密教の双修法、「楽空双運」に相違ない。

密教の菩薩天人は、性修煉のエネルギー源、性力になる天后、天女を伴っている。また悪魔を降伏させる明王たちも、明妃（仏母、空行母《ダーキニー》）を連れている。順帝は歓喜天の像を祀り、楽を奏でて十六天魔の舞を踊らせ、「大喜楽禅定」の修行に励んでいたのだ。この世で性力によって解脱し、即身成仏を達成しようとしたのである。

仏教が中国に伝わったのは二、三世紀の頃だ。そしてまた同時に中国の道教房中長生術も印度に伝わり、仏教に影響を与えたといわれている。閉精法もその一つだ。さらに、大日如来、つまり太陽崇拝は、印度の北西部、最近領地争いで問題になっているカシミール地方で信仰されていたイランの摩尼《マニ》教の影響だともいわれている。こうして七世紀から八世紀にかけて新しい仏教、密教が誕生したのだ。

密教が最初に中国に伝わったのは、唐の時代である。百四十一歳まで生きた道家で医学家の孫思《そんし》邈《ばく》は、頭頂の穴《つぼ》位を「泥丸《ニイワン》」と呼んでいる。これは「涅槃《ニルヴァーナ》輪」の訳だといわれている。二度目に伝わったのは元の時代だ。蒙古にも伝わった喇嘛教は、元の初代皇帝、忽必烈《フビライ》から始まり、後の皇帝たちにも大きな影響を及ぼした。

密教の双修理論が、道教の房中長生理論と本質的に相通ずるところがあるのはこのためだ。

一　体と命のエネルギー源は性エネルギーである。精の重視。

二　交接中に生じる性エネルギーを巧みに操作して、肉体と霊魂に宿る潜在エネルギーを目覚めさせる。

三　精を洩らさないのが根本技法。そして気功運気を行なう。

四　彼岸に達する信仰に裏付けられている。道教房中長生術は神仙不死、羽化登仙。密教双修術は即身成仏、涅槃寂静。

五　神秘的な宗教儀式と掟がある。

順帝が仙人の称号を持っていたのも、これで納得できる。しかし蒙古人だった順帝は、昔から伝わっていた喇嘛の秘戯によりいっそう愛着を覚え、西天や西蕃の僧を大切にしたのだ。

喇嘛教の影響は、その後、漢民族が立てた明の皇帝たちの間では影をひそめていた。しかし、満州族の清の時代になると、再び息を吹き返してくる。

第五代雍正帝《ようせい》（在位一七二三—三五）は別邸だった北京、安定門内の雍和宮《ようわきゅう》を喇嘛寺にして歓喜仏を祭り、喇嘛僧たちを住まわせた。その後、第十一代の光緒帝《こうしょ》（在位一八七四—一九〇八）まで、代々の皇帝は雍和宮のなかの秘殿で精神修養としての性教育を受けた。喇嘛僧から西蔵密教の即身成仏の秘法、「楽空双運」を学んだのだ。

西蔵密教の楽空双運法と道教の内丹双修法の目指す境地は異なっていても、方法は同じだ。どちらも交接中に肉体を鍛えると同時に中に潜んでいる生命エネルギー、精・気・神の力も高める修煉である。

体は壺のような器だ。「一壺《いっこ》天《てん》」、小宇宙だともいわれている。そのなかには生命エネルギーが満ちている。しかし、それは空《くう》で目に見えない。壺を体だとすると、半分は目には見えず、手でも触ることが出来ないものなのだ。

いろいろ運動をして筋肉を鍛え、体力をつけるのもいいが、それだけでは不老長生に結びつかない。また歓喜仏のような体位で交わるだけでは、即身成仏できない。修煉を積み、空の部分、精・気・神の力も高めないと壺は輝かない。つまり、壺と中身は一つのもの、「身心合一」、「身心不二」だからだ。

性欲は性欲、頭の働きは頭の働きとして個々にとらえず、総合的に考えているのは実にユニークで自然だ。脳に宿っている神は、腎の精から養分を補給されないと力が弱る。神が精を管理できるのは精と気があるからだ。精・気・神は同じ力を持ち、相互依存しあっている。三《み》位一体なのである。

道教、房中長生理論の基礎になっているのは、陰陽五行思想に端を発したこの精・気・神論である。その房中長生法について、歴史から始めて理論、技巧と方法へと話を進め、そして最後に西蔵密教の秘法を付け加えてみた。実を言うと、浅学非才の身を省《かえり》みず、壺の中身、空の部分を少しでも分かるようにできたらと考えたからだ。

『易経』は、体は「道《タオ》の器」にしかすぎないと教えている。死んだら残るのは壺だけで、中身の半分、生命エネルギーは分散してどこかへ消えてしまう。本の気へ返るのだといわれている。目に見える壺、触れられる壺は壺の半分にすぎない。壺の実体は分からないものなのだ。

道教の房中長生法は、体内の空の部分を性と結びつけて不老長寿を目指す法だ。心と体の平衡を保たせて、生命エネルギーをできるだけ長く体にとどめておこうとする修煉である。

そのためには性交の技巧が重要になってくる。身心和合の戯道（愛撫）から始まり、女の反応と興奮程度の見分け方、さらに出し入れと体位の技にわたり、微に入り細をうがって研究されている。中国古代の道教、房中長生家が人類に残した、大いなる貢献の一つだ。

いまから約二千五百年前のこれらの研究は、現代西洋性医学のこの分野の研究と比較しても、決して引けを取っていないのは注目に値する。むしろ、一歩も二歩も進んでいるところもあるといわれているのだ。

おわりに

明代の有名な医学・養生学家、万全（一四八八―一五七八？）は、『養生四要』で採陰補養（閉精不泄、還精補脳）は養生にはならず、逆に害になるだけだと批判している。

現在も中国にはこの流れを汲む一派がいて主流を占めている。男が不老長生を追求するために女の体を丹薬を煉る炉か鼎のように見なすのは、皇帝が若い女を大勢後宮に囲っていたのと同様女性を蔑視した封建時代の悪習だ。それで採陰補養を重視さえしなかったら、道教の房中長生術は性学研究の大いなる成果だといっている。

また別の一派は、女は男より精力が先天的に備わっていて長寿だ。女から精力を分けてもらってもいいではないか。そして女も男から真陰を採り、真陽を与えて補い合えばいい。男はコップ一杯だが、女にはたらい一杯の水を陰門から吸い上げる力があるのだと。

互いに補い合って長生きしようというこの一派は、内丹双修派と呼ばれている。科学、理性では割り切れないものを信じる、理屈よりも実践派タイプの人たちである。

さらにまた、東洋医学だけでなく現代西洋医学の立場から、房中長生術が説く件を学問の対象としてとらえようとしている一派がいる。採陰補養は道教房中長生術の中核だから、これを邪術・幻術だとして切り捨てたら単なる性技巧だけが残り、骨と皮になってしまう。この謎に包まれた部分を取り出し、分析、研究していこうという性科学者の一派だ。

人体には不明な点がまだたくさんある。「夢」、「深層心理」、「第六感」、「超能力」、「欠伸《あくび》の伝染」などの研究と同じで、確認できないものは否定も肯定もせず、無視もしない。結論は今後の科学的な研究の成果を待たねばならないとする、真摯な態度をとっている中庸派の人たちである。

道教の房中長生術に新たな関心が寄せられるようになって、まだ一世紀ほどにしかならない。現状は紆余曲折しながら、第一歩を踏み出したところだといえるだろう。

(この作品は、『問題小説』(徳間書店) に平成十・十一年の二年間連載した「中国の性愛秘法」を基にし、さらに手を加えて大幅に書き改めたものである。原典はすべて筆者の訳による。カタカナ部分は全訳を旨とする。しかし、編集の都合で簡略、省略した部分がある点をお断りしておく。また、まとめ訳はひらがなにした)

主要参考文献

〈中国〉

『秘戯図考』 高羅佩（R. H. van Gulik）著、『花営錦陣』、『秘書十種』 吟月庵主手録（東京 一九五一 台湾復刻版）

『中国古代房内考』 高羅佩著、李零、郭曉恵等訳（上海人民出版社 一九八六）

『周易与中医学』（第二版） 楊力著（北京科学技術出版社 一九八九）

『中国古代房室養生集要』 宋書功編著（中国医薬科技出版社 一九九一）

『秘戯図考』 高羅佩著、楊権訳（広東人民出版社 一九九二）

『道家養生術』 陳耀庭、李子微、劉仲宇編（復旦大学出版社 一九九二）

『馬王堆古医書考釈』 馬継興著（湖南科学技術出版社 一九九二）

『陰陽・房事・双修』 郝勤著（四川人民出版社 一九九三）

『煉武・煉気・煉禅』 熊志冲、郝勤著（四川人民出版社 一九九三）

『中国古代房中文化探秘』 樊雄著（広西民族出版社 一九九三）

『中国古代性文化』 劉達臨編著（寧夏人民出版社 一九九四）

『中華性学辞典』 劉達臨主編（黒竜江人民出版社 一九九三）

『道教文化辞典』 張志哲主編（江蘇古籍出版社 一九九四）

『双梅景闇叢書』 葉徳輝編、楊逢彬、何守中整理・校点、謝軍責任編輯（海南国際新聞出版中心　一九九五）
『秘戯図大観』 周安托発行人（台北・金楓出版有限公司）
『中華性医学辞典』 樊友平、王大鵬、朱世増主編（北京・江西科学技術出版社　一九九七）
『性科学与中国伝統性修煉』 蔡俊、李文坤主編（中国中医薬出版社　一九九八）
『中国伝統性医学』 王立編著（中医古籍出版社　一九九八）
『中国性科学百科全書』 徐惟誠総編輯、呉希曾副総編輯、呂建華主任編輯、竜以律責任編輯（中国大百科全書出版社　一九九八）
『性学辞典』 樊民勝主編（上海辞書出版社　一九九八）
『性与中国文化』 劉達臨著（人民出版社　一九九九）
『中国性史図鑑』 劉達臨著（時代文芸出版社　一九九九）

〈日本〉
『東洋性典集』（世界性学全集十三） 性問題研究会編、樋口清之訳（河出書房新社　一九五八）
『医心方・房内巻第廿八』 馬屋原成男監修、飯田吉郎訓読、石原明解説（至文堂　一九六七）
『易と呪術』 服部龍太郎著（新人物往来社　一九七二）
『医心方夜話』 山路閑古著（青友書房　一九七三）
『第六感学入門』 黒田正典著（協同出版　一九七三）
『性と日本人』（日本人の歴史4） 樋口清之著（講談社　一九八〇）

『崑崙山への昇仙』曽布川寛著（中央公論社　一九八一）
『占星術の世界』（中公文庫）山内雅夫著（中央公論社　一九八三）
『月の魔力』Arnold L. Lieber 著、藤原正彦・美子訳（東京書籍　一九八四）
『中国医学の誕生』加納喜光著（東京大学出版会　一九八七）
『道教の世界』窪徳忠著（学生社　一九八七）
『医心方の伝来』杉立義一著（思文閣出版　一九九一）
『周易と中医学』楊力著、企画・コーディネイト宮下功、翻訳・注釈伊藤美重子（医道の日本社　一九九二）
『現代こよみ読み解き事典』岡田芳朗、阿久根末忠編著（柏書房　一九九三）
『人生を生ききる性脳学』大島清著（講談社　一九九五）
『日本女性の外性器』（日本性科学大系1）笠井寛司著（フリープレスサービス　一九九五）
『東洋医学を知っていますか』三浦於菟著（新潮社　一九九六）
『幸せの性革命』笠井寛司著（小学館　一九九七）
『まんが易経入門』周春才作画、鈴木博訳（医道の日本社　一九九八）
『中国医学はいかにつくられたか』山田慶児著（岩波書店　一九九九）
『混沌からの出発』（中公文庫）五木寛之・福永光司著（中央公論新社　一九九九）

土屋英明（つちや えいめい）

1935年、兵庫県生まれ。早稲田大学文学部卒。映像製作会社を退社後、文筆家。主な著書と翻訳書『中国文化とエロス』（東方書店）。『淫詞褻語』、『僧尼孽海』、『春夢瑣言』、『金瓶梅詞話——淫の世界』（筆名、坂戸みの虫。太平書屋）。『性史1・2集』（イースト・プレス）など。中国の文化と文学を研究。

文春新書

320

道教《どうきよう》の房中術《ぼうちゆうじゆつ》
——古代中国人の性愛秘法

平成15年5月20日　第1刷発行

著　者　土屋英明
発行者　浅見雅男
発行所　株式会社 文藝春秋

〒102-8008　東京都千代田区紀尾井町3-23
電話（03）3265-1211（代表）

印刷所　理想社
付物印刷　大日本印刷
製本所　大口製本

定価はカバーに表示してあります。
万一、落丁・乱丁の場合は送料小社負担でお取替え致します。

ISBN4-16-660320-5

文春新書5月の新刊

渋谷知美《ともみ》
日本の童貞

女性からはモテない、不潔と蔑まれ、体験済みの男からは馬鹿にされる、恥ずかしい存在——そんな童貞が「カッコいい」時代があった

316

小松達也
通訳の英語　日本語

同時通訳のエキスパートが教える通訳という仕事の楽しさ難しさ。日本語を英語に訳すコツが初心者にも明快に分かるエッセイ風読本

317

小林雅一
隠すマスコミ、騙されるマスコミ

毎日テレビで流されているイラク戦争の映像は、どこまで真実を伝えているのか。ニュースのカラクリを、さまざまな事例で解明する

318

清水美和《よしかず》
中国はなぜ「反日」になったか

日本に瀋陽領事館問題のしこりがあれば、中国には靖国問題、歴史問題の反日の狼煙。中国の対日姿勢を探ると意外な歴史が浮上する

319

土屋英明
道教の房中術
——古代中国人の性愛秘法

男女の交わりを修錬することで健康長寿をめざす房中術。荒唐無稽な邪道と思われがちだが、現代の性科学も注目し始めた驚きの全貌

320

文藝春秋刊